AF467625

BIBLIOTHEQUE
D'AVENTURES ET DE VOYAGES
A 2 FRANCS LE VOLUME
3F RELIURE ANGLAISE
NOTRE COLONIE
LE TONG-KIN
EXPLORATIONS ET CONQUÊTES
APERÇUS GÉOGRAPHIQUES
LES PRODUITS NATURELS — LES RESSOURCES COMMERCIALES
D'après les documents les plus récents
PAR
H. THUREAU
M. DREYFOUS ÉDITEUR
13 rue Faubg Montmartre PARIS

NOTRE COLONIE

LE TONG-KIN

F. AUREAU. — IMPRIMERIE DE LAGNY.

NOTRE COLONIE

LE TONG-KIN

EXPLORATIONS ET CONQUÊTES

APERÇUS GÉOGRAPHIQUES

LES PRODUITS NATURELS — LES RESSOURCES COMMERCIALES

PAR

H. THUREAU

Avec une carte dressée d'après les plus récents documents

PARIS
MAURICE DREYFOUS, ÉDITEUR
13, RUE DU FAUBOURG-MONTMARTRE, 13

A la mémoire de Francis Garnier, tué au Tong-kin, en combattant pour la France et la civilisation !

A Jean Dupuis, au Dô-ta-jen *des Chinois, l'illustre explorateur, ruiné, calomnié, persécuté, et demandant justice depuis dix ans !*

A leurs vaillants compagnons d'armes !

Aux Tong-kinois, toujours opprimés par les Annamites, toujours abandonnés par nous, et toujours fidèles à notre cause !

A la justice !

Août 1883.

AVANT-PROPOS

I

Enfin ! la restauration de notre domaine colonial est commencée :

Le drapeau de la France flotte sur les rives du Niger !

Le Sagittaire a jeté l'ancre dans le fleuve du Congo, emportant l'expédition chargée, sous les ordres du jeune et vaillant explorateur de Brazza, de faire pénétrer notre influence dans l'intérieur du continent africain.

Pendant ce temps, une autre expédition a été dirigée vers l'Extrême Orient, pour faire valoir nos droits et assurer notre protectorat au Tong-kin.

Le Tong-kin ! malheureux pays opprimé par

d'odieux tyrans, et soupirant vainement après sa délivrance, depuis bientôt un siècle !

Le Tong-kin ! fertile et riche contrée qui, aujourd'hui encore soumise à l'ancien royaume de Cochinchine, formera demain le plus beau joyau de notre couronne coloniale !

L'occupation, la colonisation du Tong-kin, voilà une question digne de solliciter l'attention de ceux qui s'intéressent à notre avenir commercial, c'est-à-dire à la prospérité de la France.

Aujourd'hui que les regards du monde entier se tournent du côté de l'Extrême Orient, il n'est permis à personne d'ignorer l'histoire du Tong-kin et des événements qui s'y sont accomplis jusqu'à nos jours.

C'est pour contribuer à la vulgarisation de cette histoire, que nous avons écrit le présent livre : c'est un récit simple et fidèle de faits qui, si merveilleux qu'ils puissent paraître parfois, seront représentés avec la plus scrupuleuse exactitude.

Nous avons puisé nos renseignements à pleines mains, dans *l'Histoire de l'intervention française au Tong-kin*, de M. Romanet du Caillaud, le *Journal des Voyages*, de M. Dupuis, le *Tour du monde*, le rapport fait à la Chambre des députés par

M. Bouchet, les *Annales de l'Extrême Orient*, le *Journal Officiel*, le *Bulletin de la Société de protection des indigènes des colonies*, et dans de nombreux documents authentiques.

Nos lecteurs éprouveront, comme nous, un légitime orgueil mêlé à une profonde admiration, devant les exploits accomplis par ces deux héros, Dupuis et Garnier, qui, à la tête d'une poignée de Français et de quelques auxiliaires, ont conquis tout un pays en quelques mois.

Ces exploits leur rappelleront ceux des Cortez, des Pizarre, des Dupleix et des plus illustres conquérants de l'ancien et du nouveau monde.

Hélas ! pourquoi faut-il que cette épopée, aux débuts si glorieux, ait eu une fin aussi lamentable, faite de honte et de sang !

II

Le commerce français traverse une crise terrible : c'est là un fait aussi déplorable qu'incontesté.

L'une des causes principales de cette crise, connue de tout le monde, c'est la diminution de nos débouchés.

Les vastes marchés des deux mondes, où nous n'avions pas autrefois d'autres concurrents que les Anglais, sont inondés depuis quelques années, par les produits de nos anciens tributaires, les Américains, les Autrichiens, les Espagnols, les Italiens et les Allemands. Nos acheteurs sont peu à peu devenus eux-mêmes producteurs. Partout où nous avions naguère des débouchés assurés, nous ne rencontrons plus aujourd'hui qu'une concurrence redoutable, et cette concurrence a même pénétré jusqu'au cœur de notre pays.

Le producteur français, placé entre l'ouvrier qui tous les jours élève ses prétentions, et le commerçant étranger qui l'écrase par le bon marché de ses produits, est forcé d'abandonner la lutte, s'il veut échapper au sort qui l'attend fatalement : la hideuse banqueroute.

Les conséquences inéluctables de cette situation, sont celles-ci : la ruine de notre commerce, les bouleversements sociaux, la décadence de notre pays (1).

(1) Il faut avoir le courage de le dire bien haut : l'ouvrier et surtout l'ouvrier parisien, joue un bien triste rôle dans l'histoire de notre décadence commerciale.

Si malin qu'il se croie, il se laisse berner avec une déplorable facilité, par les énergumènes et les viragos en délire qui promènent jusque dans les chantiers du travail, leurs élucubrations

Mais le mal, si grand qu'il soit, n'est pas irréparable ; l'un des principaux remèdes est bien connu : il faut, sans plus tarder, ouvrir à notre commerce de nouveaux débouchés.

Dans un remarquable discours prononcé au Sénat, le 13 mars 1883, M. de Saint-Vallier, notre ancien ambassadeur à Berlin, disait : « Il est nécessaire, essentiel que la France se hâte de développer, d'étendre, d'agrandir son système colonial. »

C'est l'opinion unanime des économistes, des

et leurs théories aussi fausses qu'antinationales. Pendant que l'ouvrier, excité par ces impudents déclamateurs, et exalté par ses courtisans, ambitieux et plats valets qui lui parlent toujours de ses droits, jamais de ses devoirs, s'en va à la conquête de bastilles imaginaires, le patron, menacé de la grève, c'est-à-dire de la ruine, cherche ailleurs des auxiliaires plus stables et moins coûteux.

Hélas! ces ouvriers arrivent par brigades, du côté du Rhin — ils ont envahi plusieurs quartiers de la capitale.

Et lorsque les agitations anarchiques, habilement exploitées par les nations rivales, ont semé la crainte de tous côtés, paralysé les affaires et arrêté notre production, ces ouvriers (nous allions dire : ces ennemis) retournent dans leur pays, y porter l'expérience qu'ils ont acquise chez nous et à nos dépens.

Loin de nous la pensée de confondre les meneurs, ces faux patriotes, qui vivent du désordre et de l'agitation, avec les véritables ouvriers, ceux qui travaillent et qui savent remplir leurs devoirs envers leurs semblables comme envers leur patrie.

Ces derniers forment heureusement l'immense majorité ; les fauteurs de désordre sont peu nombreux, mais, comme on l'a dit avec justesse, cinquante individus qui crient, font plus de bruit que cinquante mille qui ne disent rien.

gens d'expérience, de tous les esprits éclairés qui ne se laissent pas aveugler par les passions politiques.

Eh bien ! c'est dans l'Extrême Orient, au Tongkin, que notre commerce trouvera les plus beaux débouchés qu'il puisse ambitionner. Non seulement cette contrée, habitée par douze millions d'individus, recevra nos marchandises, mais encore elle nous renverra ses riches produits de toutes sortes.

En effet, c'est une terre privilégiée, comblée des dons les plus précieux de la nature.

Le sol est d'une fertilité incomparable ; l'habitant n'a qu'à semer et attendre la récolte : le soleil et la pluie se chargent du reste.

Ses montagnes sont couvertes de forêts qui contiennent plusieurs espèces d'arbres propres à l'industrie ; elles recèlent dans leurs flancs des trésors merveilleux.

Ce n'est pas tout : Cette contrée est traversée par un cours d'eau navigable, le Fleuve Rouge, qui met en communication directe avec la mer, les plus belles provinces de la Chine méridionale, et particulièrement le Yünnan, dont les mines sont les plus riches du globe.

Jusqu'à ce jour, ce fleuve est resté fermé au commerce.

L'ouverture de cette voie de communication, qui mettra en rapport avec le commerce international, cinquante millions d'individus, est attendue avec impatience par toutes les nations civilisées.

Bientôt la France proclamera la liberté du commerce et de la navigation dans cette belle et riche contrée.

Déjà même les Français, à Saïgon, et les Anglais, à Hong-kong, ont organisé des services de bateaux à vapeur entre ces deux villes et le Tong-kin, et d'importantes maisons de commerce ont envoyé des agents dans la capitale de cette province, pour y prendre position. Là, les hommes courageux et entreprenants trouveront un vaste champ pour exercer leur activité ; ils ne tarderont pas à venir y chercher, à l'ombre du pavillon français, le travail et le bien-être.

Et pendant ce temps, le Fleuve Rouge, nouveau Pactole, emportera vers l'Europe, suivant l'expression de M. Bouchet, les trésors du Laos, du Yunnan, du Thibet et des plus riches provinces de la Chine.

Qui sait si cette région magnifique, fécondée par l'intelligence et le travail, n'acquerra pas rapidement une prospérité qui nous fera oublier la duplicité des Anglais, et la perte de notre influence en Égypte ?

III

« Le Français n'est pas colonisateur, » répètent souvent quelques esprits superficiels. C'est là un cliché qu'il faut laisser, pour les besoins de leur cause, aux Anglais et aux Allemands.

Il est faux que les Français soient incapables de fonder et de faire prospérer des colonies ; l'histoire, au contraire, démontre que notre pays a toujours été une pépinière d'explorateurs courageux et d'excellents colons. Rappelons-nous seulement ce qu'ont fait les Français du siècle dernier au Canada, dans les Indes, la Louisiane, Saint-Dominique, l'Ile Bourbon, etc.

Ce qui est vrai, c'est que nos colons n'ont pas reçu de la mère patrie l'aide et la protection qu'elle leur devait, et que nos possessions, fondées par l'initiative privée, ont été sacrifiées par des gouvernements faibles ou imprévoyants ;

C'est qu'elles n'ont jamais été dotées d'une organisation rationnelle, en harmonie avec les mœurs et le génie des indigènes ; c'est que l'administration y a commis de tout temps, de nombreuses erreurs et des fautes capitales ;

C'est qu'aujourd'hui encore le régime imposé à certaines de nos colonies, est loin de donner satisfaction aux vœux et aux besoins de leurs habitants. Ignore-t-on que plusieurs d'entre elles sont toujours soumises au régime des décrets, ce régime du bon plaisir et de l'arbitraire qui livre une autorité presque illimitée entre les mains d'un seul homme : le gouverneur ? Ignore-t-on qu'elles sont la proie d'une armée de fonctionnaires, aussi mauvais administrateurs qu'habiles marins, qui, les considérant comme leur fief, leur apanage, les traitent trop souvent en pays conquis ?

Donc ce qui manque chez nous, ce ne sont pas les hommes d'initiative, les explorateurs, les colons, c'est une sage et habile administration.

IV

Une opinion assez répandue représente les colonies comme étant le refuge des cerveaux brûlés, des déclassés et des décavés. Ce serait même l'égout collecteur de toutes les impuretés de la mère patrie.

C'est là une opinion qui, pendant longtemps, a reposé sur un certain fondement. Mais aujourd'hui il est nécessaire que cette opinion devienne de plus en plus rare, de plus en plus fausse. Il faut imiter les Anglais et les Hollandais qui, jusqu'aux plus riches et aux plus puissants, émigrent volontiers ; dans ces deux États, il n'est guère de familles qui n'aient quelques-uns de leurs membres aux colonies.

Il nous faut encourager l'émigrant, l'aider, le protéger.

En effet, la colonisation est indispensable au développement de notre influence et de notre prospérité. Nos colonies doivent être les postes avancés de la civilisation, et en même temps constituer l'élément le plus puissant de notre richesse nationale. Elles forment le déversoir naturel du trop-plein de la métropole, non seulement comme population, mais encore comme productions, comme capitaux, comme intelligences, en un mot comme forces vives de toute nature. Et quand il y a, comme en ce moment, surabondance d'activité productrice, il y a aussi pléthore et malaise ; alors la colonisation qui forme un puissant dérivatif, s'impose comme une nécessité.

Plusieurs causes majeures qu'un esprit attentif découvre facilement, rendent disponibles des forces qui ne trouvent plus leur emploi dans la mère patrie et y causent, sinon du danger, du moins un certain trouble.

Ah! qu'il sont nombreux, en France, ces hommes de valeur qui languissent et végètent, sans but et sans espoir, et qui, comme André Chénier, peuvent s'écrier tristement, en se frappant le front: « Et pourtant il y avait quelque chose là ! »

Avec cet excès de forces vives, d'intelligences qui, privées d'aliment, s'étiolent et s'atrophient, avec une faible partie de ces capitaux qui dorment improductifs, quelle merveilleuse colonie ne fonderait-on pas dans un pays comme le Tong-kin, neuf, vierge, riche et fécond !

C'est un devoir pour le gouvernement de stimuler l'esprit d'initiative, et de faciliter l'émigration des travailleurs qui veulent planter leur tente sur une terre lointaine, à l'ombre du pavillon français : leur prospérité fera celle de la patrie.

C'est encore un devoir pour lui d'introduire dans les colonies, avec un régime plus libéral, les réformes réclamées par les intérêts des habitants.

Et puis, il existe encore un point plus important : la création d'un ministère spécial des colonies. Cette indispensable réforme n'est réclamée aujourd'hui que par les économistes, les chambres de commerce et les associations d'hommes pratiques et patriotes ; demain elle sera imposée par l'opinion publique.

« Nos possessions lointaines, a dit excellemment M. Nadault de Buffon, trouveraient dans cette institution une politique stable, une administration régulière, capables de favoriser leur développement et d'accroître leur puissance, et une impulsion qui leur a manqué jusqu'ici. »

En se faisant les instigateurs de ces mesures libérales et progressives, nos gouvernants auront bien mérité de la patrie.

Allons, explorateurs, pionniers du commerce, messagers de la civilisation, travailleurs animés d'une noble ambition, un monde nouveau va bientôt vous être ouvert. Adoptez cette devise du progrès, ce cri des Anglais, nos maîtres en matière de colonisation : *Go head !* En avant !

En s'embarquant pour le Tong-kin, Francis

Garnier s'écriait : « En avant pour cette vieille France ! »

Et, arrivé au Tong-kin, il faisait à un ami ce pressant appel : « Viens ! viens ! viens ! Il y a beaucoup à faire ici... C'est certainement préférable, comme richesse, climat, densité de population, à la Cochinchine. »

NOTRE COLONIE

LE TONG-KIN

CHAPITRE PREMIER

LE TONG-KIN. — APERÇU GÉOGRAPHIQUE ET HISTORIQUE.

Le Tong-kin est borné au nord par la Chine, à l'est par le golfe qui porte son nom, à l'ouest par le Laos, vaste région indépendante, et au midi par l'ancien royaume de Cochinchine.

Sa superficie est d'environ 150,000 kilomètres carrés (à peu près égale au tiers de la France). Sa population s'élève approximativement à douze millions d'habitants.

Le climat, malgré le peu d'éloignement de l'Équateur, est sain et relativement doux.

« La presse française, dit M. le docteur Maget, médecin de la marine, qui a habité Haï-phong en 1879 et 1880, parle quelquefois des marais fangeux et fiévreux du Tong-kin, mais ces marais sont à peu près exempts de malaria ; la fièvre paludéenne est rare, peu tenace et moins répandue certainement que dans une multitude de contrées de la France. »

La chaleur est tempérée par le voisinage de la mer, des montagnes et des forêts, et par le vent de la mousson.

Pendant six mois (de septembre à avril) la température est d'une grande douceur. Le thermomètre varie de 7 à 20 degrés au-dessus de zéro. C'est l'époque des récoltes, des transactions commerciales, celle où l'activité des habitants prend tout son essor. Le ciel pur, la végétation luxuriante, les parfums répandus dans l'air, font de cette contrée un séjour fort agréable.

Mais pendant les six autres mois, la température change : le thermomètre monte jusqu'à 35 degrés ; des pluies abondantes tombent fréquemment, et changent en torrents les fleuves, les rivières et jusqu'aux simples arroyos (ruisseaux et canaux d'irrigation).

La plaine ne forme plus qu'un lac immense, d'où émergent des constructions, des bouquets d'arbres et d'innombrables digues qui, larges de 2 à 3 mètres, restent les seuls moyens de communication pendant plusieurs mois.

C'est la morte saison pour les affaires, la circulation devient difficile et les transactions sont suspendues.

Ce pays est traversé, du nord-ouest au sud-est, par un fleuve magnifique, le Song-koï (en chinois Hong-kiang ou Fleuve Rouge) qui prend sa source dans le Yunnan, riche province de la Chine, baigne plusieurs villes importantes, et notamment Ha-noï, l'ancienne capitale du Tong-kin, et se subdivise ensuite en un grand nombre de bras qui se jettent dans le golfe du Tong-kin.

Ces bras, réunis à ceux d'une autre rivière appelée le Thaï-bing, forment un vaste delta dont la fertilité rappelle celle du delta du Nil.

Dans le delta, le fleuve Rouge coule majestueusement dans un lit d'une largeur de 800 à 1,000 mètres ; sa profondeur est suffisante pour les navires d'un moyen tonnage ; dans la région montagneuse, celle qui avoisine le Yunnan et où il prend sa source, son lit est encaissé, parfois assez profondément.

C'est dans cette région que le contact de gisements métallifères donne au fleuve cette nuance rougeâtre à laquelle il doit son nom.

La longueur de sa partie navigable est de 675 kilomètres.

Ses principaux affluents sont : d'un côté, la Rivière claire, qui prend sa source en Chine, et la Rivière noire qui traverse une région malsaine, limitrophe de la Birmanie et du Yunnan.

Plusieurs tribus indépendantes occupent la partie

supérieure du fleuve, de même que de ses affluents.

Ce sont : les Paï-y, peuplade de pasteurs, paisibles, honnêtes, vivant dans leurs montagnes du produit de leurs travaux.

Plus bas, les rebelles chinois, aux pavillons noirs ou jaunes dont nous parlerons plus loin.

A l'ouest, les Muongs, race aborigène, grands chasseurs, courageux, hospitaliers. Leurs montagnes renferment les plus riches mines d'or de toute la région.

« D'après M. Dupuis et les missionnaires du Tong-kin, les Muongs, hommes et femmes, ont la passion du jeu. En venant au marché, ils apportent avec eux une quantité d'or considérable qu'ils perdent avec un grand flegme et une grande philosophie. Lorsqu'il ne leur reste plus rien, ils s'en retournent pour rapporter encore de l'or au marché suivant. » (Extrait d'une conférence faite au Trocadéro, le 27 août 1878, par M. l'abbé Durand, professeur de sciences géographiques.)

Une chaîne de montagnes coupe le Tong-kin en deux parties, l'une au nord, l'autre au midi. La partie septentrionale comprend presque entièrement le bassin de Thaï-bing et celui du Fleuve Rouge; elle a été occupée en 1872 par l'expédition Garnier. La partie méridionale comprend les provinces de Than-hoa, Ngé-an et Ha-tien. Le nord communique avec le sud par des défilés, dont le principal est celui de Tam-Diep, facile à défendre contre une armée d'invasion, comme le prouve la défense de M. Hautefeuille.

D'autres chaînes de montagnes s'étendent au nord et à l'ouest et forment une partie des frontières du Tong-kin, séparatives d'avec la Chine et le Laos. Ces montagnes sont couvertes d'arbres magnifiques, et la plupart pourraient être facilement cultivées; mais elle ne sont habitées que par des tribus de races laotiennes, très pacifiques d'ailleurs, qui n'ont encore que peu de besoins, et vivent à l'écart des mandarins annamites pour n'avoir pas à subir leur tyrannie.

Les villes principales sont: Hanoï, l'ancienne capitale du Tong-kin, alors qu'il formait un royaume indépendant, ayant une population évaluée à 150,000 habitants. Cette ville, construite sur la rive droite du Fleuve Rouge, est bien bâtie. C'est le siège d'une sorte d'université qui, lors des examens, attire une affluence considérable. La citadelle sise à l'ouest est elle-même une ville fortifiée renfermant le palais du Tong-doc ou gouverneur, le trésor, les prisons, le tribunal, les divers services publics, la pagode royale.

Nam-dinh, au sud-est d'Hanoï, ville très commerçante et bien bâtie, sur un arroyo, à 900 mètres du Fleuve Rouge, et protégée par une forteresse importante. Sa population est d'environ 50,000 habitants.

Haï-dzuong, Than-hoa, Ninh-binh, avec 40,000 habitants chacune, défendues également par des forteresses.

Plus à l'est, Son-tay, chef-lieu d'une province, commandant le cours supérieur du fleuve, et occupé depuis dix ans par les Pavillons noirs, etc.

L'histoire du peuple tong-kinois est très ancienne. Dans les temps reculés, il eut souvent à soutenir des guerres sanglantes contre les souverains de la Chine qui, plusieurs fois, lui imposèrent leur domination.

Au quinzième siècle, les Tong-kinois secouèrent le joug des Chinois, sous la conduite de leur général Lê-loi. Ce dernier devint le fondateur de la dynastie des Lê, qui régna jusqu'au commencement de ce siècle.

En 1789, un prince voisin, Gia-long, roi de la Cochinchine, ayant perdu la plus grande partie de ses États, eut recours à un évêque français, l'évêque d'Adran, qui vint en France solliciter de Louis XVI un secours en hommes. Mais la Révolution survint et le roi ne put faire parvenir l'expédition demandée. Toutefois, plusieurs officiers, entre autres le colonel de génie Ollivier, se rendirent auprès de Gia-long. En peu de temps, ils avaient formé, instruit, discipliné une armée qui permit au roi, non seulement de reconquérir ses États, mais encore de battre les Tong-kinois et de s'emparer de leur pays.

C'était en 1802.

Avec la Cochinchine et le Tong-kin, il forma le royaume d'Annam, sous la suzeraineté nominale de l'empereur de Chine (1).

(1) Cette suzeraineté se manifestait, il y a encore peu d'années, par des dons précieux que le roi de l'Annam envoyait au Fils du ciel, à titre de tribut. Mais le traité du 15 mars 1874, qui met

Gia-long décapita le roi vaincu et tua les membres de sa famille et, après avoir promis de respecter les usages, les mœurs et les lois du pays, il l'écrasa sous une dure oppression.

Il n'est pas sans intérêt de remarquer que c'est à l'intervention des Français que les Tong-kinois doivent la servitude sous laquelle ils gémissent encore aujourd'hui.

Pour maintenir leur domination sur ce pays, le plus riche de tout le royaume, Gia-long et ses successeurs, prirent la précaution de le faire administrer par des mandarins étrangers, dévoués à leur dynastie, qui firent peser sur les vaincus un joug tyrannique.

Depuis cette époque, les Tong-kinois se soulevèrent plusieurs fois contre leurs oppresseurs, mais leurs efforts demeurèrent stériles.

C'est en vain qu'en 1861, Lê-phung, digne rejeton de la vaillante race des Lê, se mit à la tête des Tong-kinois, battit les Annamites dans quinze ou vingt combats, et détruisit leur flotte (1).

En livrant une bataille décisive au meilleur général

virtuellement le Tong-kin sous la protection exclusive de la France a, au regard de cette dernière nation, rompu les liens qui pouvaient unir le Tong-kin à la Chine, à laquelle il a été notifié.

(1) Bien que les Tong-kinois soient des Annamites au même titre que les anciens Cochinchinois, puisque ce sont leurs pays réunis qui ont formé le royaume d'Annam, nous réserverons cette dénomination d'Annamites, aux fonctionnaires nommés par le roi et à ses partisans, pour éviter toute confusion avec les Tong-kinois.

ennemi, Nguyen-tri-phuong, il fut trahi par un de ses officiers, et obligé de se réfugier dans les montagnes, pendant qu'un ouragan coulait ses jonques.

C'est en vain qu'en 1864, ce vaillant patriote leva de nouveau l'étendard de la révolte, battit les ennemis, et, voulant porter la guerre au cœur de l'Annam, s'embarqua pour aller attaquer Hué, la capitale du royaume. Une tempête détruisit sa flotte ; il fut pris et passé par les armes.

Les premières relations de l'Annam avec la France ont été antérieures à l'intervention de l'évêque d'Adran.

En effet, le 28 novembre 1787, Louis XVI signa avec Gia-long un traité d'alliance offensive et défensive. Le roi de Cochinchine devait céder à la France la baie de Tourane, et il s'engageait à recevoir des consuls français partout où elle le jugerait convenable.

Après la Révolution, Louis XVIII tenta de faire exécuter ce traité, mais il échoua devant le mauvais vouloir de Gia-long et de son successeur qui refusa une lettre accompagnée de présents, envoyés par le roi de France.

En 1847, l'amiral Lapierre parut devant Tourane avec deux navires. Le roi de Cochinchine voulant se débarrasser de ses demandes importunes, tenta de l'attirer dans un guet-apens pour le faire périr, mais le complot fut dénoncé à l'amiral qui fit de vifs reproches aux Annamites. Ceux-ci, ayant essayé de détruire les vaisseaux français, le commandant ouvrit le feu. L'ennemi perdit 2,000 des siens, sans qu'il nous en ait coûté un seul homme. Pour se venger de cet échec, le roi de l'Annam fit flageller ses canons et exécuter, en effigie, des soldats français. Puis, tout à coup, apprenant que la flotte française approchait, il tomba malade de frayeur et mourut.

Les négociations furent reprises avec Tu-duc, le roi actuel de l'Annam. En 1856, M. Charles de Montigny fut envoyé à Tourane, avec mission d'obtenir la liberté du commerce et la cession du port de Tourane, déjà consentie en 1787, pour y établir une factorerie française. Le commandant du navire français dut débarquer une compagnie d'infanterie de marine et s'emparer d'un fort, pour faire accepter par les mandarins, la lettre adressée au roi. On feignit alors de vouloir traiter avec l'ambassadeur, et on lui envoya un mandarin de 4e ou de 5e classe qui n'avait pour mission que d'éluder toute négociation sérieuse. Naturellement les pourparlers échouèrent.

Il fallut l'expédition de l'amiral Rigault de Genouilly sur Tourane, en 1858, et la conquête de la Basse-Cochinchine, pour assurer les droits que nous conférait le traité de 1787. A la suite de cette intervention armée, la cour de Hué signa le traité de 1862, qui nous cédait les trois provinces de Saïgon, de My-tho et de Bien-hoa.

Mais les Cochinchinois, fidèles à leur politique de

duplicité, ne cessèrent de fomenter contre nous des troubles dans les trois provinces limitrophes : Vinh-long, Chaudoc et Hatien, qui devinrent un foyer de brigandages, de piraterie et d'agressions continuelles.

C'est alors que le gouverneur de la Cochinchine, le vice-amiral La Grandière, s'empara, pour mettre fin à cette intolérable situation, de ces trois provinces (1867).

Ainsi qu'on le voit par ce rapide exposé, les Annamites n'ont jamais apporté, dans leurs rapports avec la France, l'honnêteté et la bonne foi dont nous usions à leur égard : fidèles à ces errements malhonnêtes qui forment la base de la politique dans tout l'Extrême Orient, ils ont toujours essayé de nous tromper et d'éluder leurs engagements. Seule, la force a pu les contraindre à les respecter.

APERÇU POLITIQUE. — MANDARINS. — PAVILLONS NOIRS. MISSIONNAIRES — LETTRÉS.

L'organisation actuelle du Tong-kin, comme de l'Annam en général, rappelle d'une manière frappante son origine française.

Ainsi, le pays est divisé en provinces, arrondissements, préfectures, sous-préfectures, cantons et communes. Les communes, qui jouissent d'une grande liberté, s'administrent elles-mêmes, perçoivent les impôts et en font l'emploi. Les rouages administratifs sont d'une grande simplicité, et on croira sans peine en France, qu'ils n'en fonctionnent pas plus mal pour cela.

Dans l'armée, on trouve le caporal, le sergent, jusqu'au grade de général.

L'autorité supérieure, comme nous l'avons vu, est exercée par des mandarins exotiques, à la dévotion du roi.

Les chefs de l'ordre inférieur sont choisis parmi les indigènes.

Les mandarins annamites, presque tous voleurs, débauchés et fainéants, dépouillent et oppriment les Tong-kinois, vendent la justice et commettent les exactions les plus révoltantes. Ce sont les plus terribles ennemis de la civilisation ; ils savent bien que le jour où elle pénétrera au Tong-kin, leur règne sera terminé.

« Au Tong-kin, dit M. Ch. Meyniard, publiciste aussi érudit que consciencieux, toutes les places de quelque importance sont réservées aux Annamites. Ces places sont longuement sollicitées, parce qu'on s'y enrichit rapidement; elles sont d'ailleurs achetées par de nombreux cadeaux. Comme les fonctionnaires ne peuvent y séjourner qu'un temps déterminé, pour céder le tour à d'autres solliciteurs, il faut qu'ils puissent, pendant ce temps, retirer le bénéfice de leur situation présente. Le peuple supporte toutes les spoliations dont il est l'objet, ne pouvant les empêcher : mais la colère gronde au fond de son cœur, et il souhaite ardemment l'arrivée d'une force quelconque qui le débarrassera de ses tyrans.

Les Annamites sentent le danger de cette situation; c'est pourquoi ils ont interdit le pays aux étrangers. » — *Revue scientifique du* 7 *octobre* 1876. *Exploration du Fleuve Rouge*, par M. Ch. Meyniard.

Un seul fait suffira pour donner une faible idée des procédés administratifs employés par eux : ils limitent la production du riz aux besoins des habitants, pour empêcher ces derniers de s'émanciper en s'enrichissant; lorsque l'un d'eux fait une récolte supérieure à la quantité nécessaire à sa subsistance, le mandarin lui achète l'excédent à vil prix. Le producteur s'exécute pour éviter la disgrâce du maître, c'est-à-dire le pillage de ses récoltes et la bastonnade.

« L'Annamite, dit M. Dutreuil de Rhins, n'est doux que devant ceux qu'il craint, et son humilité n'est qu'hypocrisie; dès qu'il peut le faire sans danger, il se moque d'eux. »

Et ce fléau n'est pas le seul qui sévisse sur ce pays si éprouvé : les côtes sont écumées par des pirates chinois qui pénètrent jusqu'au milieu des villages pour enlever les femmes et les filles, et une grande partie du territoire est infestée par des rebelles chinois qui occupent les bords du Fleuve Rouge, depuis les frontières de la Chine jusqu'aux approches de Son-tay.

Ces rebelles ont une origine commune.

Ce sont d'anciens insurgés chinois originaires de la province du Kouang-si, limitrophe du Tong-kin, battus et dispersés par l'armée régulière et condamnés à mort. En 1865 ils se réfugièrent, au nombre de 4 à 5,000, dans la partie septentrionale de Tong-kin et campèrent plus d'un an en face d'Ha-noï.

A la mort de leur chef, ses deux lieutenants, chassés par des troupes chinoises et annamites, remontèrent le Fleuve Rouge et s'installèrent chez les peuples indépendants, au milieu des forêts.

En 1868, ils s'emparèrent de Laokai, petite ville tong-kinoise bâtie au bord du Fleuve, tout auprès de la frontière de Chine, laquelle, depuis quelques années, était occupée par une colonie chinoise de Canton.

Les rebelles se divisèrent alors en deux camps : les *Pavillons noirs*, sous les ordres de Lieou-Yuen-fou, qui restèrent à Laokai, et les *Pavillons jaunes*, sous les ordres de Hoang-tson-in, qui s'installèrent sur les bords de la Rivière claire (1).

Ces derniers cherchèrent dans leur pays d'adoption à vivre en bonne intelligence avec les montagnards et les protégèrent souvent contre les incursions des voleurs et des bandits. Ils se livrèrent au travail et ne commirent que de rares déprédations.

(1) Cette appellation leur a été donnée en raison de la couleur de leurs drapeaux que, à l'instar de tous les Chinois, ils portent à la guerre et agitent avec frénésie, une fois en présence de l'ennemi. C'est un défi en même temps qu'un épouvantail.

Quant aux premiers, ils ne vécurent que de brigandages et de rapines et ne tardèrent pas à semer la terreur dans toute la contrée.

Leur chef actuel est toujours Lieou-Yuen-fou, le même qui attira Garnier dans un guet-apens et le fit massacrer. C'est un ancien voleur de grands chemins qui, grâce à la faiblesse du gouvernement français, est devenu un personnage célèbre, beaucoup trop célèbre.

Depuis le dix-septième siècle, les missionnaires français et espagnols ont pénétré dans le Tong-kin et, malgré les sanglantes persécutions des mandarins, y ont fondé des établissements florissants.

Quatre vicariats ont été institués, dont deux dirigés par les Espagnols.

Le principal établissement des missionnaires français est Késo ou So-tien, village chrétien bâti au sud d'Hanoï, sur l'un des bras du fleuve. Il comprend, en outre de plantations prospères, un collège et un séminaire, une belle cathédrale, une imprimerie parfaitement organisée.

Késo est la résidence, depuis vingt-cinq ans, de M. Puginier, évêque du vicariat occidental.

Il existe, dans tout le Delta, d'assez nombreux villages bâtis par les chrétiens et habités exclusivement par leurs familles ; ces villages, de même du reste que tous ceux du Tong-kin, sont protégés contre les attaques des hommes et des fauves par une ceinture impénétrable de bambous et un fossé rempli d'eau; tous les soirs les ponts sont enlevés.

Les missionnaires, grâce à leur instruction et à leurs connaissances beaucoup plus développées que celles des savants du pays « les lettrés », grâce aussi à leurs œuvres de bienfaisance, ont acquis une grande considération dans toute la contrée.

Nous ne croyons pas être téméraire en avançant que l'influence et l'autorité dont ils jouissent, surtout depuis quelques années, et la prospérité de leurs établissements, ne leur font pas désirer avec une bien vive ardeur des changements dans la situation politique et économique du Tong-kin.

Il n'entre pas dans notre cadre ni dans nos intentions d'apprécier, dans son but et ses résultats, l'œuvre poursuivie en Orient par les missionnaires.

Mais nous ne pouvons passer sous silence les services inappréciables rendus par les missionnaires français, et surtout M. Puginier, aux expéditions Dupuis et Garnier. Leur dévouement et leur patriotisme ne se sont pas démentis un instant, et plusieurs fois ils ont risqué leur vie, pour préserver nos compatriotes d'un danger menaçant. M. Hautefeuille, dans un rapport à son chef Francis Garnier, dit avoir vu le père Gélot, directeur d'un collège, et l'un de ses compagnons, pleurer de joie en voyant les couleurs nationales flotter sur la citadelle de Ninh-binh.

Les catholiques sont au nombre de 500,000 environ;

le restant de la population pratique une religion empruntée aux cultes indou et chinois.

Le célèbre philosophe Confucius y est en aussi grande vénération qu'en Chine. La tradition en a fait une sorte de divinité à laquelle on a élevé des temples. Ses principaux adeptes appartiennent à la classe des lettrés, pépinière où se forment les hommes qui se destinent aux fonctions publiques.

« La gent lettrée entre dans la carrière aussi ignorante et par conséquent aussi prétentieuse qu'en Chine. Savoir lire et écrire quelques milliers de caractères, avoir en tête une centaine de sentences naïves et incompréhensibles; voilà son acquit. Un lettré annamite, après s'être mortifié par un travail de huit à dix ans, n'en sait pas plus long qu'un paysan qui ne sait tout juste que lire et écrire, car il ne connaît jamais les 25,000 caractères de sa langue. » (Docteur Maget.)

Cette classe est réfractaire à la civilisation européenne, et l'influence dont elle jouit dans toute la région, a trop souvent nui au succès de nos expéditions militaires et scientifiques.

« Le fond de cette haine des lettrés et de toute la gent mandarine provient surtout de l'orgueil national. Eux qui se posent devant leurs subordonnés comme supérieurs à tout ce qui existe, ils craignent que la comparaison que ferait naître la présence de peuples civilisés, ne dévoile au grand jour leur propre infériorité et ne leur fasse perdre le prestige et l'autorité despotique dont ils jouissent, au milieu de populations simples et illettrées. Ce qu'ils redoutent surtout, c'est de ne pouvoir continuer, à côté des Français, à s'enrichir au détriment de la justice et de l'humanité, en extorquant, au moyen de tortures souvent atroces, ce qui fait l'objet de leur cupidité, en un mot, à asservir le peuple sous un joug tyrannique et brutal. Voilà tout le secret de la haine sauvage des lettrés et des mandarins contre les Français et, à cause d'eux, contre les chrétiens qu'ils considèrent comme leurs affiliés.

» C'est pour cette raison que, dans les diverses insurrections qui ont éclaté en Chine, les chrétiens ont toujours été victimes des rebelles, comme responsables de l'occupation française. » (*Les Missions étrangères*, 31 mars 1874.)

LES TONG-KINOIS

Aucun Européen, sauf peut-être quelques missionnaires, ne connaît mieux les Tong-kinois que celui qui nous a ouvert les portes de leur pays, M. Jean Dupuis. Aussi ne croyons-nous pas pouvoir mieux faire que de lui emprunter les renseignements suivants, communiqués par lui à la Société de géographie, le 7 février 1877.

« Les Tong-kinois ont l'esprit du négoce poussé plus loin que les Cochinchinois ; ils sont aussi plus laborieux et font commerce de tout. Ils aiment le gain, mais ils le dissipent avec la même ardeur qu'ils l'acquièrent et n'ont aucun souci du lendemain. En cela, ils diffèrent beaucoup de l'Arabe, qui cache soigneusement son argent et vit de peu. Le Tong-kinois, lui, est prodigue ; c'est un grand enfant plein d'insouciance. Il aime le bruit, les réjouissances, les fêtes. Il s'épuise en prodigalités somptueuses dans les cérémonies d'apparat et dans les pratiques funéraires. Son caractère se rapproche davantage du caractère du Chinois, qui cependant, plus soucieux de l'avenir, ne jette pas aussi follement ses dépenses.

» Les Tongkinois prennent souvent leurs repas les uns chez les autres, et c'est à table qu'ils traitent ordinairement leurs affaires. Ils sont très gais de leur nature, doués d'une agilité merveilleuse et d'une adresse peu commune.

» Ils ont assez de penchant vers la franchise et sont loin d'avoir la fourberie de leurs voisins les Cochinchinois.

» Tels sont les principaux traits de cette sympathique population, la plus douce de l'Extrême Orient.

» Les Tong-kinois ont le nez moins épaté que les Chinois et les pommettes plus saillantes. Ils ont des membres un peu frêles, la barbe peu fournie et le teint olivâtre. La figure des hommes est peut-être trop carrée et celle des femmes trop ronde, mais ils rachètent ces défauts par d'autres avantages, tels que la belle prestance du port, la finesse de la peau, et de beaux yeux noirs cachés sous d'épais sourcils. Ils ne coupent jamais leurs cheveux qui sont d'un noir d'ébène, et les portent aussi long qu'ils peuvent devenir. Il les rassemblent derrière la tête en forme de chignon et les maintiennent dans cette position à l'aide d'une épingle. Leur taille est d'ordinaire plutôt petite que grande. Un des traits caractéristiques de leurs mœurs consiste dans l'habitude qu'ils ont d'échanger des cadeaux en toute circonstance. Il ne faut pas songer à se présenter nulle part sans être précédé ou suivi d'une offrande.

» Le bétel est en grand honneur au Tong-kin ainsi que dans les autres provinces de la Cochinchine. La consommation de cette substance est aussi pratiquée dans le sud du Yunnan, mais peu dans le reste de a Chine.

» Personne, fonctionnaire, notable ou bourgeois, ne sortirait sans être suivi d'un domestique portant une boîte élégante où est contenu le bétel, du tabac, de la noix d'arec, et, si le promeneur est un lettré, des pinceaux et de l'encre.

» Les pauvres pullulent au Tong-kin. Cela tient à l'absence du commerce avec l'extérieur, d'une part; de l'autre, à l'exubérance de la population et à la tyrannie exercée par les mandarins de Hué.

» Le Chinois donnera toujours, à tout ce qui est chinois, la préférence sur ce qui vient du dehors. Le

Tong-kinois, au contraire, est avide de tout produit étranger, jusqu'au costume européen dont il est fier de se revêtir, en haine du vêtement annamite. Ils nous tourmentaient sans cesse pour obtenir de nous nos mauvaises chaussures et nos chapeaux. Dès qu'un tel peuple se croira suffisamment protégé par les Français, il acceptera avec enthousiasme nos idées, nos usages, notre costume même en l'appropriant à so climat.

» Les missionnaires ont signalé depuis longtemps l haine que les Tong-kinois ont vouée aux Cochinchinois leurs dominateurs. Nous ne pouvions trouver parm les populations du sud de l'Annam, lors de notr expédition de Cochinchine, le même enthousiasm que les Français devaient rencontrer au Tong-kin..

» Partout, dans le Tong-kin, on a établi des digue afin de protéger les villages contre les inondation parfois terribles qui envahissent le Delta, à l'époqu des hautes eaux. Ces digues qui embrassent généra lement plusieurs villages, apparaissent jusqu'au dessus de Hung-hoa. Elles servent en même temps d chaussées et leur élévation, qui varie suivant les lieu atteint quelquefois sept ou huit mètres. Sur beaucou d'entre elles, trois voitures pourraient facilement pa ser de front.

» Dans le haut du Delta, les récoltes se transporte à l'aide de charrettes à bœufs ou de brouettes à bra dans le bas, les hommes plus généralement portent l fardeaux. Ils se servent d'un bambou ferré aux de bouts et dont chaque extrémité supporte l'anse d'un panier destiné à contenir la charge. Ainsi équipés, ils courent au pas gymnastique, comme le porteur chinois.

» Leurs brouettes sont très pratiques. La roue, au lieu d'être en avant, est placée au centre et supporte tout le poids. Il n'y a plus qu'un effort de traction à opérer. La roue est garantie par des parois établies autour de son mouvement de rotation. L'homme passe autour de son cou une courroie qui vient s'attacher aux deux bras de la brouette. De chaque côté de ce commode véhicule, sont aménagées des banquettes pour porter des voyageurs ou des marchandises. Les gens pauvres seuls font usage de ce moyen de locomotion. Les gens aisés voyagent dans des filets.

» La plupart des maisons du village sont construites en bois ou en torchis entremêlé de bambous et couvertes en chaume. Celles des gens aisés sont couvertes en tuiles.

» Toute la population est concentrée dans les villages plus ou moins considérables. On ne voit pas, comme en Chine, de maisons isolées, de fermes éparses çà et là dans la campagne. Tous ces villages sont entourés d'une ceinture de bambous qui les cachent au regard.

» La plus grande partie des communes est composée d'agriculteurs; il en est d'autres dont les habitants sont charpentiers, menuisiers, forgerons, tisserands, scieurs de long, etc., j'en ai vu qui ne faisaient que des cercueils.

» Les agriculteurs constituent sans contredit la partie la plus saine et la plus morale de la population.

» L'armée est plutôt imaginaire que réelle au Tong-kin. Les mandarins ont amené de la Cochinchine un certain nombre de soldats pour tenir le peuple sous le joug. Le reste de l'armée est formé par la milice tong-kinoise, qui ne veut pas combattre pour ses oppresseurs et qui, en raison de sa prédominance numérique dans la masse de l'armée, amène facilement la défection des troupes, en prenant la fuite dès qu'il y a apparence de danger.

» Les manœuvres s'exécutent avec force grimaces, il faut les voir gambader, courir, danser, couper le cou avec une facilité extrême ; mais, le moindre danger vient-il à survenir, tous ces habiles jongleurs sont bien vite en déroute. »

Ajoutons que les indigènes ont, comme leurs voisins les Chinois, beaucoup de goût et de patience. Il n'est pas rare de rencontrer chez eux des meubles incrustés, merveilles d'art, qui ont plusieurs siècles d'existence et ont coûté de nombreuses années de travail.

Bien que doués d'un caractère franc et ouvert, ils sont devenus dissimulés, grâce à la crainte que leur inspirent leurs tyrans. Une longue oppression les a émasculés ; ce sont de grands enfants inoffensifs, qu'un régime de liberté pourrait seul régénérer.

LES PRODUITS DU TONG-KIN.

Le Tong-kin est une terre privilégiée, comblée des dons les plus précieux et les plus variés de la nature. Dans le Delta, un terrain d'alluvion, d'une incomparable fertilité ; dans la région montagneuse, des carrières de marbre, des mines, des pâturages et des forêts magnifiques. La végétation tropicale s'y marie aux produits de la zone tempérée.

Passons en revue, avec M. Romanet du Caillaud et M. Millot, second de l'expédition Dupuis, les productions les plus remarquables.

I. *Règne végétal.*

Le delta du Fleuve Rouge et les provinces de Thanh-hoa, Nge-an, Ha-ting, produisent du riz en abondance ; il s'en fait deux récoltes par an. Sans les entraves intentionnelles du gouvernement annamite, cette production pourrait être augmentée et fournir à l'exportation des millions de tonnes chaque année.

Le maïs n'est cultivé que dans certaines localités peu propres à la culture du riz. Dans les terrains secs et sablonneux, les Tong-kinois cultivent l'igname, des patates douces, des tubercules de marais, dont le goût rappelle celui de la châtaigne d'eau, etc.

La canne à sucre est cultivée partout au Tong-kin, il n'est pas de maison un peu à l'aise qui n'en ait dans son jardin quelques pieds; mais pour la grande culture, on emploie une autre espèce, dite *canne à broyer*. Il existe des champs de canne à sucre assez étendus, principalement dans la province de Namh-dinh. La production du sucre y serait illimitée si elle était quelque peu encouragée. Les procédés de fabrication y sont encore à l'état primitif, et cependant cette industrie procure des bénéfices relativement considérables.

Il y a au Tong-kin un vaste champ ouvert à l'industrie sucrière perfectionnée, elle n'aura que l'embarras du choix pour l'établissement des plantations et des usines. Les terres n'y sont pas épuisées, comme à la Réunion et à Maurice. De vastes étendues, incultes depuis bien des siècles, n'attendent que la main d'hommes actifs, intelligents et laborieux, pour devenir une source certaine de richesses. Les cours d'eau fourniront le moteur à l'usine et transporteront économiquement les produits au point d'embarquement.

Sur les collines qui avoisinent la vallée du Fleuve Rouge et de ses affluents, on pourrait établir d'immenses plantations de caféiers. Les missionnaires français du Tong-kin ont fait cet essai d'acclimatation à leur résidence de Késo, sur les collines qui bordent la vallée du fleuve, et cet essai a donné des résultats magnifiques. La facilité de se procurer des bras, le prix minime de la main-d'œuvre et des terres, permettraient d'établir ces plantations à peu de frais, surtout dans les provinces en amont d'Ha-noï.

Le Tong-kin produit du coton. Cette industrie est susceptible d'un très grand développement, en raison des immenses besoins des provinces chinoises limitrophes. Le coton réussit merveilleusement dans ces fertiles alluvions exposées aux brises de la mer, et dont la nature et la situation sont analogues à celles de la Louisiane et de la Caroline. Le coton étant une des productions les plus importantes du pays, non seulement on en cultive assez pour la consommation locale, mais encore il en est exporté une certaine quantité depuis le traité de 1874.

Cette exportation tendra de plus en plus à s'accroître, par suite de l'importation des cotonnades européennes et des cotons filés.

Le thé cultivé au Tong-kin est le même végétal que celui de la Chine, mais il n'est pas préparé de la même manière; cependant les montagnards qui avoisinent la province chinoise du Yunnan cultivent un thé vert d'excellente qualité.

Il en est de même du tabac, qui vient admirablement dans les riches alluvions du Delta et qui, préparé par des procédés mieux entendus, pourrait arriver à être avantageusement accueilli sur les marchés d'Europe. Les Muongs du bassin de la Rivière Noire en cultivent une espèce de qualité supérieure qu'ils vendent roulée en forme de corne de bœuf.

La cannelle est une des denrées du Tong-kin les plus précieuses. Elle se récolte dans les montagnes de la chaîne séparative du bassin du Mé-kong. Le roi d'Annam s'est naturellement réservé le monopole de la qualité supérieure. Remède efficace contre les maux d'yeux, cette cannelle est également un tonique d'une merveilleuse énergie.

Parmi les produits médicinaux du Tong-kin, un des plus remarquables est certainement le *Hoang-Nan*, strychnée qui croît dans les montagnes du Bo-chinh et Ding-mhe-an. Suivant diverses expériences faites, soit au Tong-kin, soit dans d'autres pays tropicaux, le *Hoang-Nan* serait un remède efficace contre la rage, la paralysie, la lèpre, la morsure des serpents venimeux, et en général contre toute inoculation de virus.

La science médicale européenne commence déjà à s'occuper de ce remède étrange. En France, le docteur Barthélemy, de Nantes, l'a employé, il y a peu de temps, contre la paralysie, et a obtenu des résultats très remarquables. On peut voir l'article qu'il a publié à ce sujet dans le *Bulletin général de thérapeutique* du 15 août 1881.

L'indigo abonde dans le Tong-kin méridional : sa fabrication est défectueuse, aussi ne sert-il qu'à la consommation intérieure. Avec des procédés de fabrication plus perfectionnés, il pourrait devenir une matière d'exportation.

Le ricin réussit très bien au Tong-kin; il vient dans les marécages comme sur les montagnes. Les Tong-kinois extraient leur huile à manger du sésame et de l'arachide.

Sur les rives des fleuves et des rivières, là où l'eau cesse d'être saumâtre, ainsi que sur le bord des routes, croît un arbre, dont le fruit fournit une huile qui rend inaltérable les bois immergés. Le *lam-wa* produit un suif végétal.

D'autres arbres fournissent des résines, d'autres la gomme-gutte.

L'arbre à vernis est surtout cultivé dans les provinces montagneuses du Tong-kin septentrional. Le suc qui découle naturellement de son tronc et celui qu'on obtient à l'aide d'incisions dans l'écorce, donnent, mêlés à l'huile de l'arbre nommé *tong-chu*, un vernis égal à celui du Japon. Aussi les ouvrages de laque que fabriquent les Tong-kinois sont-ils recherchés même en Chine, où cette industrie est très perfectionnée.

L'essence de badiane, appelée encore huile d'anis étoilé, est une huile essentielle, produite par la distillation des fruits d'une magnoliacée. Elle est employée dans la parfumerie.

Les autres plantes aromatiques cultivées au Tong-kin sont la muscade, le cardamome. Le poivre pourrait réussir aussi bien qu'en Cochinchine, mais il n'en existe encore aucune plantation.

Parmi les bois précieux du pays, on distingue le *calambac*, qui est un bois très odoriférant. Enfoui à un mètre et demi sous terre, il fait encore sentir son parfum à la surface du sol. On trouve encore au Tong-kin les bois de rose, de fer et d'ébène, le sapan, le santal.

Outre ces essences recherchées pour les ouvrages de luxe, les forêts contiennent quantité d'arbres propres aux constructions navales.

II. — *Règne minéral.*

Il y a au Tong-kin de nombreuses mines d'or, et il est certain que, dans un avenir très rapproché, on verra les chercheurs d'or y accourir en foule. Indépendamment des mines, tous les cours d'eau qui descendent des plateax du Thibet roulent des paillettes d'or.

L'évêque Retord rapporte qu'en 1853, on découvrit de nombreux placers aurifères dans les montagnes du Tong-kin occidental. Dès la seconde année, ces placers occupaient plus de dix mille chercheurs d'or, presque tous Chinois.

Sur les marchés de la province de Thanh-hoa l'or est une matière d'échange.

Mais c'est surtout dans les montagnes du haut Tong-kin, dans le bassin du Fleuve Rouge et de son affluent, la Rivière Noire, que le précieux métal se rencontre en plus grande abondance. Dans le lit du Fleuve Rouge, près de la pagode Valdin, M. Dupuis a trouvé de la poudre d'or, ainsi que dans le lit d'un petit affluent dont l'embouchure est près du Touen-hia; plus haut, entre Lao-kai et Long-pô, il existe de nombreuses mines d'or.

Le chef des tribus riveraines du fleuve en cet endroit conduisit un jour M. Dupuis à une de ces mines, recouverte d'une épaisse couche de sable, et lui en parla, comme étant d'une très grande richesse; mais le voisinage des Pavillons noirs, bandits chinois qui sont établis à Lao-kai depuis 1866, l'empêcha d'en continuer l'exploitation.

M. Dupuis a encore remarqué du minerai d'or en plusieurs autres endroits.

Un des lieutenants des Pavillons jaunes, qui a longtemps séjourné avec ses hommes chez les Muongs de la Rivière Noire, a donné à M. Dupuis les détails les plus circonstanciés sur la production aurifère de cette partie du Tong-kin. Les Muongs exploitent dans cette vallée un très grand nombre de mines d'or, et ils recueillent également beaucoup d'or en pépites, dans les sables de leurs rivières.

Le Tong-kin est également très riche en mines d'argent; mais les richesses minérales de ce pays sont, comme toutes les autres, fort mal exploitées.

Quant au cuivre, on le trouve partout dans les montagnes du pays. Il semble que cette contrée, ainsi que le Yunnan, ne forme qu'un seul et vaste gisement dont l'importance laisse bien en arrière ceux du Chili et des autres gisements connus de l'Amérique.

Le Thanh-hoa est une des provinces du Tong-kin qui possède les plus beaux gisements. Tous les vases du pays, chaudrons, cuvettes, cafetières, crachoirs, sont en cuivre.

On peut en conclure, non seulement que ce métal abonde dans la province, mais encore qu'il est d'un travail facile, étant donnés les faibles moyens de l'industrie annamite.

Le Tong-kin possède des mines d'étain, principalement dans les environs de Lao-kai, qui ne sont pas exploitées faute de capitaux; mais les mines des environs de Mont-ze, dans la province du Yunnan, sont les plus importants gisements connus. Ils sont situés à proximité du Fleuve Rouge, au village de Kouei-kieou. Cette exploitation fait vivre plus de dix mille personnes et en occupait bien davantage autrefois.

On n'en finirait pas, s'il fallait encore insister sur les mines de mercure, de zinc, de plomb argentifère, de bismuth, d'antimoine, de fer, et sur les pierres précieuses; mais on ne saurait passer sous silence les riches mines de houille, élément indispensable de toute grande industrie et de toute fabrication en grand. Toutes ces mines sont fort heureusement situées sur les rivages de la mer ou à proximité du Fleuve Rouge, ce qui en rend l'exploitation facile.

III. — *Règne animal.*

Il y a au Tong-kin très peu de chevaux; ils sont de bonne race, petits, mais très résistants. Les animaux de labour sont : le buffle pour les rizières, et le bœuf pour la culture non immergée, comme celle du tabac, de la canne à sucre, etc.

Le bœuf du Tong-kin est petit, mais bien fait; il appartient au genre zébu, c'est-à-dire qu'il a un bourrelet de chair sur le cou, à la naissance de l'encolure; sa chair est d'excellente qualité.

Le porc est la base de la nourriture. Il n'est pas de famille qui n'en élève; sa chair, quoique très saine, est cependant plus fade que celle du porc d'Europe.

Il n'existe pas de moutons; mais, par contre, les chèvres sont abondamment représentées.

Les canards, les oies, les poules, les pigeons, sont très communs et se vendent à très bas prix.

Dans la région montagneuse, dans la forêt vierge, il y a de nombreuses bêtes fauves, telles que le tigre, la panthère, l'ours, le rhinocéros, l'éléphant, qui disparaîtront par l'exploitation des forêts.

Le chevrotin, qui produit le musc, vit dans les montagnes du Tong-kin, du Yunnan et du Thibet.

Dans les montagnes, on rencontre le cerf, le daim,

le chevreuil, et dans les plaines, le lièvre, la perdrix.

Parmi les oiseaux, il y en a de fort beaux, dont les plumes sont très recherchées pour les parures ; citons le paon, le faisan bleu, dit faisan Raynaud, et d'autres oiseaux au plumage éclatant. Dès la première année de l'ouverture du Tong-kin au commerce, il a été exporté de 15 à 20,000 dépouilles d'oiseaux, la plupart pour la France.

Sur les côtes, on pêche des tortues et des mollusques qui produisent l'*écaille* et la *nacre*.

Le *ver à soie* réussit très bien. Les Tong-kinois le nourrissent sur un mûrier nain, le *Morus indica*, qui se multiplie par boutures, avec une grande facilité; cet arbuste végète ordinairement dans les terrains d'alluvion qui bordent les cours d'eau.

Les Tong-kinois ne savent pas bien dévider les cocons. Aussi les soies grèges se vendent-elles à un prix relativement très bas.

Les tissus de soie du Tong-kin ont également besoin d'être perfectionnés. Jusqu'à présent, il n'y a guère que quelques étoffes écrues de nuance crème qui aient été acceptées par l'Europe.

L'industrie séricicole est très développée, surtout dans le bassin de Thaï-binh : elle est appelée à prendre des développements très considérables.

CHAPITRE II

JEAN DUPUIS. — VOYAGE AU YUNNAN. — LA GUERRE CIVILE EN CHINE.

Le 8 décembre 1829, à Saint-Just-la-Pendue, près de Roanne, dans le département de la Loire, naquit un enfant qui reçut le nom de Jean Dupuis. Ses parents étaient d'honnêtes cultivateurs jouissant d'une modeste aisance ; leur seule ambition était de le voir mener l'existence paisible que l'on trouve au village, dans le labeur des champs.

Après avoir fait ses études au collège de Tarare, il voyagea dans le midi de la France avec un marchand de tissus, apprit ce métier, et bientôt fabriqua et fit fabriquer pour son compte personnel des marchandises qu'il allait vendre ensuite.

Mais Dupuis était ambitieux ; doué d'un esprit vif, d'une imagination ardente, d'une énergie extraordinaire, et d'une inflexible volonté, épris des grands voyages et des grandes choses, il se trouva bientôt mal à l'aise dans son modeste établissement. Des idées vagabondes hantaient depuis longtemps déjà son cerveau, lorsque M. de Lesseps commença sa colossale entreprise, le percement du canal de Suez.

C'était en 1857.

Jean Dupuis, excité par des amis qui partaient, engagés dans une compagnie, et qui lui proposaient de faire avec eux des opérations fructueuses, se procura secrètement un passeport pour l'étranger, et, sous prétexte d'un simple voyage dans le Midi, s'embarqua pour l'Égypte. Ce n'est qu'après avoir mis la mer Méditerranée entre ses parents et lui, qu'il se décida à les prévenir : là, il ne craignait plus les entraves qu'aurait inexorablement élevées l'amour paternel.

Peu après, comme les travaux du percement de l'isthme étaient arrêtés, Dupuis résolut d'utiliser cette interruption causée par la jalousie de l'Angleterre, pour se rendre en Chine, étudier les ressources de cette intéressante et riche contrée, et la nature des produits qui ne tarderaient pas à s'échanger avec ceux de l'Europe, aussitôt l'ouverture du canal.

Donc, en 1859, il débarquait en Chine, à Shanghaï, le plus vaste entrepôt de l'empire.

Après avoir terminé une opération commerciale qui avait été très fructueuse, il se décida, sur les conseils d'un compatriote, à profiter, pour pénétrer au cœur de l'empire, de la présence d'une expédition anglaise qui se disposait à aller y remplir une mission, à la suite du traité de Pékin.

Le Thibet et la Mongolie étaient à peu près fermés aux Européens ; peu d'entre eux avaient pu y pénétrer. Les deux amis, sans souci des dangers de toute nature semés sous les pas des rares voyageurs qui s'aventurent dans ces contrées, résolurent d'explorer ces deux vastes provinces, et s'embarquèrent sur un navire anglais faisant partie de la mission dont nous venons de parler.

Mais arrivés à Han-kéou, ville importante située sur le Fleuve Bleu, à 750 kilomètres de Nankin, il durent renoncer à leur projet : la guerre civile désolait cette contrée et avait interrompu les communications. Dupuis s'installa dans cette localité, y apprit la langue chinoise, et s'y livra à des opérations commerciales qui furent couronnées d'un plein succès.

Grâce à des circonstances exceptionnelles, il acquit en peu de temps une fortune importante, mais il fut pillé par des pirates et laissé à peu près sans ressources.

Il avait déjà, par son travail et sa persévérance, réparé ses pertes et reconstitué sa fortune, lorsqu'un incendie dévora ses marchandises, d'une valeur d'environ cinq cent mille francs. Ce nouveau désastre ne le découragea pas : il se remit à l'œuvre avec une nouvelle énergie.

Bientôt ses qualités de cœur et d'esprit lui attirèrent l'estime et la sympathie des habitants, toujours si méfiants vis-à-vis des Européens ; il gagna la confiance des plus hauts personnages, devint l'ami des mandarins, et fut chargé par eux de diverses transactions commerciales.

Seul parmi les Européens, il eut le droit de faire entrer dans l'Empire du Milieu des armes et des munitions qu'il fournissait aux chefs de l'armée régulière.

Ses hautes relations lui permirent de réaliser les rêves qu'il caressait : il explora et étudia une notable partie de la Chine. Dans ses voyages, son attention fut attirée particulièrement sur l'une des provinces méridionales du Céleste Empire, le Yunnan. Ce pays possédait des mines d'une grande richesse : c'était lui qui fournissait les métaux nécessaires pour la monnaie de tout l'empire.

Malheureusement le Yunnan, enclavé de toutes parts dans les terres, ne possédait aucun débouché, aucune voie permettant d'amener ses riches produits dans les ports d'embarquement.

Vainement les Anglais avaient cherché ce débouché du côté de leurs possessions, et, depuis quarante années, faisaient de stériles efforts dans les Indes et la Birmanie, avec cette ténacité qui est un des caractères de leur génie national : plusieurs expéditions organisées par eux avaient échoué, arrêtées par des obstacles naturels qui défiaient la puissance humaine.

Vainement les Français, qui venaient de conquérir une partie de la Cochinchine, envoyèrent-ils, en l'année 1866, une mission commandée par MM. Doudart de la Grée et Francis Garnier, pour explorer le Mé-kong, le plus grand fleuve arrosant la presqu'île, et s'assurer si ce fleuve ne pourrait pas devenir la grande artère commerciale cherchée par les Anglais.

La mission française ne réussit pas plus que les expéditions anglaises (1).

Avant ces dernières tentatives, M. Dupuis, en parcourant ces régions et en étudiant leur système hydrographique, avait reconnu que la voie la plus courte et la plus sûre pour atteindre le Yunnan, était celle passant par le Tong-kin, et, dès l'année 1864, il avait formé le projet de se rendre sur les lieux pour explorer et reconnaître un cours d'eau qui traversait cette dernière province.

C'etait le Fleuve Rouge qui, utilisé autrefois par les Chinois et les Tong-kinois pour leurs transports, avait été abandonné depuis longtemps déjà en raison du peu de sécurité qu'offrait son parcours, intercepté par de nombreuses bandes de pillards, et entravé par une multitude de douanes.

En 1866, il se disposait à quitter sa résidence de

(1) Cette expédition qui parcourut plus de 3,000 kilomètres dans un pays inconnu, fit des découvertes ethnographiques et anthropologiques d'un intérêt capital, qui illustrèrent les noms de Francis Garnier et de Delaporte. C'est elle qui découvrit les magnifiques ruines d'Angcor, dans une contrée habitée autrefois par les Khmers : la construction de ces palais merveilleux remonte à une époque très reculée, et prouve que le Cambodge est le berceau de la civilisation du monde.

Avec les collections recueillies dans ce pays par M. Delaporte, il a été formé dans le château de Compiègne, il y a quelques années, un musée fort intéressant.

Han-kéou, pour entreprendre ce long voyage (environ 3,000 kilomètres), lorsqu'il apprit que la mission de M. Doudart de la Grée avait commencé l'exploration du Mé-kong.

Il attendit donc l'issue de cette tentative, dont la réussite aurait rendu ses efforts inutiles. En 1868, les membres de la mission lui donnèrent connaissance du résultat de leur exploration : La partie supérieure du Mé-kong était inaccessible et ne pouvait être utilisée pour pénétrer dans la Chine.

C'est alors qu'il résolut de mettre à exécution le projet qu'il caressait depuis quatre ans.

« Esprit hardi et aventureux, caractère persévérant, il avait, en même temps que l'audace, la prudence indispensable pour réussir, » a dit de lui Francis Garnier.

Donc il partit d'Han-kéou, au commencement de septembre 1868 et traversa l'immense territoire qui le séparait du Yunnan, après avoir éprouvé de grandes fatigues, mais sans rencontrer d'obstacles ni de dangers. C'est qu'il avait un passeport d'une merveilleuse efficacité : son titre de mandarin à boutons rouges, correspondant au grade de général de brigade, qui lui donnait droit, en voyageant, aux honneurs dus aux fonctionnaires de cet ordre.

Et puis il connaissait trop bien les mœurs chinoises, pour négliger un moyen qui, dans ce pays vénal, réussit toujours à souhait auprès de ceux dont on recherche les faveurs : il distribuait aux principaux fonctionnaires de nombreux cadeaux, avec une générosité de nabab.

Ce procédé était tellement sûr et efficace qu'il l'employa dans toutes ses explorations ; il se fit ainsi de nombreux amis, sa réputation de générosité s'étendit au loin, dans ce vaste empire, et lui donna une grande popularité. Aussi trouvait-il partout un concours empressé et sympathique qui lui a permis de faire des études et de recueillir des renseignements intéressants, sur les provinces parcourues par lui, sans exciter la méfiance des indigènes.

Arrivé au Yunnan, le voyageur trouve le pays en proie à une affreuse guerre civile, qui durait déjà depuis plusieurs années. La population musulmane s'était révoltée contre l'autorité. Les troupes régulières étaient commandées par le maréchal Mâ qui, musulman lui-même, lutta longtemps avec avantage contre les Impériaux, et ensuite fit sa soumission au fils du Ciel.

M. Dupuis se mit aussitôt en relations avec les mandarins pour les intéresser à ses projets d'avenir ; il ne tarda pas à contracter une étroite amitié avec les plus hauts dignitaires de la contrée ; ceux-ci, comprenant facilement les avantages que leur donnerait l'ouverture d'une voie commerciale desservant leur pays, lui promirent leur concours avec un vif empressement.

Mais la guerre avait interrompu toutes les communications du côté du fleuve ; M. Dupuis avait même été bloqué pendant un mois dans la capitale de la province assiégée par les musulmans, et y avait couru de grands dangers : il dut donc renoncer pour le moment à son projet d'exploration.

Aussitôt libre, il retourna à Han-kéou, d'où il se hâta d'expédier, au maréchal Mâ, un matériel de guerre perfectionné, et des Européens comme instructeurs.

Malgré ce secours, l'insurrection ne put être apaisée avant plusieurs années encore.

Cette lutte fratricide fut longue et cruelle comme toutes les guerres inspirées par le fanatisme religieux.

Peut-être ne lira-t-on pas sans intérêt quelques détails sur cette guerre qui dura dix-huit années et fit périr cinq à six millions d'individus.

En 1855, une querelle s'éleva entre divers habitants du Yunnan au sujet de l'exploitation de mines d'or. Ce fut l'origine de la guerre. Le foutaï ou gouverneur du Yunnan, sectaire exalté, appartenant à la religion de Confucius, prétexta cette discussion pour ordonner le massacre de tous les mahométans de la contrée.

La Saint-Barthélemy commença : en quelques jours, 20,000 malheureux furent massacrés. Mais les survivants se soulevèrent aussitôt en masse ; ceux du centre et du sud mirent à leur tête un des leurs, Mâ-hien, qui devint plus tard le titaï ou maréchal Mâ.

Ce chef fut le plus terrible; il allait de ville en ville, de village en village, pénétrant partout où il avait à venger la mort d'un coreligionnaire, et détruisant tout sur son passage. Les Chinois étaient tellement atterrés qu'ils ne cherchaient même plus à se défendre.

Mâ-hien allait s'emparer de la capitale de la province, lorsque les Impériaux consentirent à traiter et à accorder les satisfactions demandées. Comme garantie de l'exécution du traité, Mâ-hien fut mis à la tête des forces de la province, et il se chargea de la soumission des musulmans de l'ouest, qui voulaient continuer la lutte. C'est alors qu'il fut nommé titaï.

Au moment où Dupuis parvint auprès de lui, — c'était en 1869, — le maréchal assiégeait un village fortifié appelé Tong-kéou, situé au fond d'une vallée entourée de montagnes taillées à pic. Là, les musulmans se croyaient inattaquables, mais lorsque le maréchal eut escaladé leurs retranchements, ils demandèrent à traiter. Le temps des négociations fut employé par eux à terminer les derniers travaux de défense, et lorsqu'ils eurent creusé des galeries dans les montagnes dominant leurs villages, qu'ils eurent ménagé des meurtrières par où ils pouvaient faire feu en toute sécurité, ils rompirent les pourparlers.

Malgré les canons envoyés par Dupuis, le siège dura plus d'un an. Les assiégés, réduits par la famine et ayant épuisé leurs dernières munitions, finirent par se rendre, mais ils avaient pris la précaution d'empoisonner avec de l'opium leurs femmes et leurs enfants, pour ne pas les laisser tomber vivants au pouvoir de l'ennemi.

Pendant ce temps, un autre village fortifié appelé Kouang-y était assiégé par le gouverneur du Yunnan à la tête de 50,000 soldats. Les mahométans n'étaient que 2,000, mais ils se défendirent en désespérés, et pendant un an tinrent en échec les assaillants. Les fortifications étaient détruites par la mine, de même que les maisons voisines ; au milieu des décombres, il ne restait plus que six à sept cents combattants qui continuaient la lutte, décidés à mourir jusqu'au dernier. Tant de valeur fut récompensée : le gouverneur, pressé d'en finir, traita avec eux et leur accorda la vie sauve.

Le dernier boulevard de la résistance fut Tali, ville forte sise à l'ouest du Yunnan, capitale de la province.

Défendue par un chef musulman, nommé Téou, qui fut sur le point de se tailler un royaume dans l'empire chinois, elle résistait depuis longtemps aux attaques du général Yang qui l'assiégeait à la tête d'une nombreuse armée, lorsque ce dernier parvint à se ménager des intelligences dans la place.

Le 3 décembre 1872, les principaux chefs, au nombre de trente-trois, se prononcèrent pour la soumission et firent arborer les couleurs impériales, pendant qu'ils engageaient leur chef à se livrer au général ennemi, pour sauver la vie de tous les siens.

Teou, se voyant trahi par ses officiers et même par son gendre et son secrétaire, répondit qu'il était prêt à faire le sacrifice de sa vie.

Au moment de partir pour le camp ennemi, il fit prendre du poison à tous les membres de sa famille, excepté à ses trois plus jeunes enfants, pensant que leur jeune âge serait leur meilleure sauvegarde ; et pendant le trajet, il s'empoisonna lui-même avec des feuilles d'or.

Le général Yang le fit enfermer, mais s'étant aperçu que son prisonnier allait lui échapper pour le supplice, il lui fit aussitôt trancher la tête qu'il envoya au gouverneur du Yunnan.

Puis il s'installa avec quelques hommes seulement dans un poste de la ville. Mais pendant plusieurs nuits consécutives, il fit entrer un certain nombre de soldats, sans éveiller les soupçons des musulmans.

Le 6 janvier, son armée, évaluée de 40 à 50,000 hommes, occupait toute la ville, sous le prétexte de protéger les habitants, et désarmait la population.

Le 9, le gouverneur du Yunnan, qui venait d'arriver, invite les trente-trois officiers à venir chercher leur récompense.

A peine étaient-ils entrés, qu'il fit fermer les portes, les apostropha dans les termes du plus profond mépris et les fit décapiter séance tenante. En même temps six coups de canon retentissaient : c'était un signal convenu pour le massacre des musulmans.

Pendant trois jours le sang coula à flots. Trente à quarante mille mahométans furent égorgés. Cinq à six mille soldats s'échappèrent en faisant une trouée. Les jeunes femmes et les enfants furent seuls épargnés, mais firent partie du butin qui fut considérable. Longtemps après, on rencontrait encore dans la capitale du Yunnan, les soldats en possession de sommes importantes, traînant derrière eux des femmes et des enfants qu'ils venaient vendre en Chine.

PREMIÈRE EXPLORATION DU FLEUVE ROUGE

Ainsi que nous l'avons vu dans le chapitre précédent, Dupuis, arrêté par l'insurrection musulmane, avait été contraint de retourner dans sa résidence d'Han-kéou.

Mais, au mois de septembre 1870, impatient de mettre à exécution son projet d'exploration qui lui tenait tant au cœur, il quitta de nouveau son domicile, et pour la seconde fois revint dans la province du Yunnan. Son premier soin fut d'aller voir le maréchal Mâ qui était alors aux prises avec les insurgés : il avait mis le siège devant Tong-kéou.

Le maréchal fit tous ses efforts pour le détourner de ce projet téméraire, mais malgré ses instances et ses prières, Dupuis fit seller ses chevaux pour partir avec son domestique. Le maréchal, effrayé des dangers qu'il allait courir, fit retarder son départ pour lui donner des lettres de recommandation et une escorte de trente soldats, sous les ordres d'un mandarin civil.

Enfin, le 13 avril 1871, Dupuis quitta le camp.

Le voyageur, suivi de son escorte, de son secrétaire Ouang et de son domestique Yu, pénétra dans ce vaste territoire occupé par de nombreuses peuplades qui s'étaient affranchies de l'autorité de l'empereur de Chine, et se battaient entre elles avec un égal acharnement.

Tout d'abord il fut fort mal accueilli par un chef de partisans, nommé Hoù qui, par sa cruauté, était devenu la terreur de toute la région. « Un moment j'eus la crainte de ne pouvoir parvenir à exciter chez cet être le moindre intérêt, dit M. Dupuis dans son *Journal de Voyages*. Il y avait pourtant un homme sous cette rude écorce et nous finîmes par faire passer en lui une partie de la flamme qui animait Ouang et moi. A la fin il parut convaincu de tous les avantages de l'ouverture de la voie cherchée, et se mit à notre disposition pour nous faciliter notre voyage. Il était onze heures du soir. »

Bref, ce chef farouche lui donna une escorte.

Il atteignit ensuite Mont-zé, ville commerçante sise au milieu d'un district très riche en gisements métallifères. En prêchant partout la concorde et l'union, il sut se concilier sur tout son parcours la sympathie et les bonnes grâces des chefs indépendants qui firent avec lui des traités de commerce et lui fournirent également des escortes.

Cette précaution ne fut pas inutile, car à plusieurs reprises, il dut faire usage de ses armes pour se défendre contre des bandes de rôdeurs qui ravageaient la contrée.

Mais à Mont-zé, presque toute son escorte le laissa, effrayée par le danger d'un climat malsain.

Après des fatigues inouïes, il arriva, — c'était le 23 avril 1871, — devant un gouffre béant. Au fond de ce gouffre, à une profondeur de 17 à 1,800 mètres, coulait une eau rouge et bourbeuse, déroulant son ruban entre deux murailles abruptes ; l'émotion gagna le cœur du voyageur : c'était le Fleuve Rouge.

Peu après, à Mang-hao, ville autrefois florissante, mais désolée et ruinée depuis par la guerre civile, il s'embarqua avec son escorte.

En descendant le cours du fleuve, il parvint au milieu d'une tribu de montagnards Pay-ï, dont le chef lui fit une cordiale réception, traversa la région occupée par les Pavillons noirs et s'arrêta même à Lao-kai, leur quartier général. Son attitude assurée et aussi la crainte des mandarins du Yunnan imposèrent le respect à leur chef, le farouche Lieou.

Enfin, après être passé au milieu des Pavillons jaunes qui l'accueillirent amicalement, après avoir affronté mille dangers, obstacles de la nature, méfiance, embûches et hostilité de peuplades à demi sauvages, il parvint jusqu'à la frontière annamite. Il était seul alors, seul avec son fidèle domestique Yu; le reste de ses gens avait lâché pied depuis longtemps.

Le vaillant explorateur avait atteint son but : il avait reconnu que le fleuve était navigable depuis Mang-hao, à huit journées de marche de la capitale du Yunnan.

Sachant que les Annamites ne le laisseraient pas pénétrer dans leur territoire, il remonta aussitôt le cours du fleuve, sans rencontrer de nouveaux obstacles.

Peu après, il rentrait dans la capitale du Yunnan, où il fut accueilli avec un grand enthousiasme. Cette audacieuse exploration assurait aux habitants un débouché précieux pour leurs produits; aussi leur sembla-t-elle inaugurer pour eux une ère de richesse et de prospérité.

Ce voyageur qui avait bravé les brigands jusque dans leurs repaires, enduré des fatigues inouïes et conclu des négociations avec tous ces malandrins en révolte contre l'autorité, ce voyageur était devenu Dô-ta-jen, Dupuis le grand homme.

Mais la présence des bandits installés sur les bords du fleuve rendait les communications difficiles et dangereuses; le transit ne serait assuré que le jour où ils seraient réduits à l'impuissance : il fallait les chasser et purifier la région.

Les autorités chargèrent donc Dupuis d'acheter en Europe le matériel de guerre nécessaire à l'expédition, et de le faire parvenir par la voie du Tong-kin, infiniment plus courte que les autres. Et le maréchal Mâ lui remit un écrit l'accréditant comme son agent officiel auprès du gouvernement annamite, et requérant ce dernier de le laisser traverser le Tong-kin, au nom du Céleste Empire, suzerain de l'Annam.

Enfin, muni des traités et des pouvoirs des autorités chinoises, l'intrépide voyageur partit pour sa résidence d'Han-kéou, où il parvint le 16 décembre 1871, après une absence de quinze mois, pendant lesquels il avait parcouru 8,600 kilomètres.

DUPUIS EN FRANCE, PUIS AU TONG-KIN. — LE COMMANDANT SENEZ. — NÉGOCIATIONS

Les prodigieux succès obtenus par Dupuis dans cette lointaine contrée ne lui firent pas oublier la mère patrie.

La considération, l'influence qu'il avait acquises dans plusieurs provinces chinoises, l'accueil qu'il avait reçu de peuplades indépendantes, la facilité avec laquelle il avait obtenu d'elles, malgré leur barbarie et leur méfiance instinctive, des traités de commerce, lui ouvrirent tout un nouvel horizon.

Une partie de la région n'appartenait qu'aux fauves et aux bandits ; une autre était soumise au pouvoir arbitraire de maîtres avides et méchants ; ici le désordre, le brigandage ; là l'injustice, l'oppression ; partout le plus fort imposant sa loi tyrannique ; et, au milieu de tout cela, un peuple bon, pacifique, laborieux, gémissant depuis soixante-dix ans sous le poids de ses maux.

Serait-il donc bien difficile de lui apporter la délivrance ? d'enlever du vieux tronc vermoulu et pourri de l'ancienne Cochinchine, cette branche vivace et pleine de sève ?

Quelle merveilleuse colonie ferait ce pays sain, riche et fécond, avec ses douze millions de travailleurs !

Une idée, alors, germa dans l'esprit de notre concitoyen, une de ces idées qui font les fous sublimes, les apôtres et les héros ; elle s'y fixa, grandit, l'envahit tout entier : il décida que lui, Jean Dupuis, simple citoyen français, perdu à 4,000 lieues de son pays, donnerait le Tong-kin à la France.

Et Jean Dupuis se tint parole.

Au commencement de l'année 1872, il vint à Paris et exposa au ministre de la marine, le vice-amiral Pothuau, l'objet de la mission que lui avaient confiée les autorités chinoises, et le résultat de son voyage d'exploration sur les bords du Fleuve Rouge, et fit ressortir la facilité avec laquelle la France pourrait planter son drapeau dans cette magnifique contrée.

Enfin, il lui demanda de mettre à sa disposition un navire de guerre pour le conduire à Hué, capitale de l'Annam.

Le ministre lui déclara que la réserve imposée à la France par la guerre allemande ne lui permettait pas d'intervenir dans les affaires du Tong-kin, mais il fit des vœux pour le succès de son entreprise, et promit de le faire accompagner par un bâtiment, pour lui donner, auprès des Annamites, l'autorité nécessaire à un envoyé du gouvernement chinois, à la condition qu'il payerait le charbon.

Le voyageur, après avoir pris sa cargaison d'armes et de munitions, partit pour Saïgon, où il s'assura des bonnes dispositions du gouverneur par intérim, le général d'Arbaud, et reçut les plus chaleureux encouragements de toute la colonie. Il remonta ensuite à Shang-haï, où il acheta deux navires anglais.

Enfin, après avoir organisé son expédition à Hong-kong, possession anglaise sise sur les côtes de la Chine, il appareilla pour le Tong-kin.

L'expédition se composait de deux canonnières à vapeur, le *Hong-kiang*, capitaine Georges Vlavianos, et le *Lao-kai*, capitaine D'Argence, une chaloupe à vapeur, le *Son-tay*, capitaine Brocas, et une grande jonque chinoise.

Le personnel comprenait 25 Européens, parmi lesquels on remarquait le second de M. Dupuis, M. Millot, négociant à Shang-haï ; un ingénieur, M. Ducos de la

Haille; un conducteur, M. d'Ercourt; et environ 125 Asiatiques, tous armés de chassepots et de revolvers. La tenue de l'équipage était celle de nos marins, avec la calotte américaine autour de laquelle le nom du navire était inscrit en lettres d'or.

Dupuis consacra toute sa fortune à l'équipement de sa petite flotte.

Le 18 novembre 1872, il se rencontrait avec le capitaine Senez, commandant de l'aviso *Le Bourayne*, dans la baie d'Haï-phong, port situé à l'embouchure du Cua-cam, l'un des nombreux bras de rivière qui se jettent dans le golfe.

Cet officier, l'un des plus distingués et des plus énergiques de notre marine, avait été envoyé dans les eaux du Tong-kin par le gouverneur de Saïgon, tant pour appuyer la mission de notre compatriote, que pour réprimer les brigandages des pirates qui ravageaient la côte. Pendant que la flottille de Dupuis cinglait vers ce rivage, le commandant Senez avait fait la chasse aux pirates, coulé leurs jonques, débloqué les ports occupés par ces bandits et exploré le fleuve jusqu'à Ha-noï.

Malgré le service qu'il venait de rendre à toute la contrée, en la débarrassant de ces forbans, il fut reçu par les autorités annamites, non comme un bienfaiteur, mais comme un ennemi; c'est qu'il était, en dehors des missionnaires, le premier Européen ayant osé pénétrer dans une contrée interdite aux Occidentaux, et qu'ils avaient jusque-là réussi à tenir fermée.

Mais il réprima immédiatement leurs inconvenances et leurs actes d'hostilité, exigea des excuses et les força à rendre les honneurs dus au drapeau français, pour lequel ils avaient, depuis la guerre de 1870, affecté un profond mépris.

M. Senez accueillit M. Dupuis avec une bienveillance pleine de sympathie, et aussitôt les deux Français se mirent en relations avec le commissaire royal Ly-truong, représentant Tu-duc, roi de l'Annam, et traitèrent la question de l'ouverture du Fleuve Rouge au commerce, et du passage de l'expédition Dupuis par le Tong-kin. Les conditions furent arrêtées, mais il fallait la sanction de Tu-duc. Un délai de quinze jours fut fixé pour cette formalité.

La mission de M. Senez était terminée. Le 20 novembre, il levait l'ancre, en formant des souhaits pour l'heureuse réalisation du projet de M. Dupuis.

ARRIVÉE A HA-NOI. — LE PREMIER CONVOI POUR LE YUNNAN. — DÉCOUVERTES CONFIRMÉES PAR UNE MISSION SCIENTIFIQUE.

A peine le navire français était-il hors de vue, que déjà l'ambassadeur demandait un délai de plusieurs mois pour obtenir la ratification de Tu-duc.

Mais Dupuis connaissait les Annamites ; il savait que toute leur diplomatie consistait à tromper les étrangers par des faux-fuyants et des lenteurs calcu- culées. Leur mauvaise foi était proverbiale dans l'Extrême Orient.

Aussi, le délai écoulé, n'hésita-t-il pas à partir avec sa flottille.

Dans toute la traversée, les mandarins lui tendirent de nombreuses embûches et lui suscitèrent des embarras de toutes sortes, défendant aux indigènes de le ravitailler, coupant la rivière par des barrages, lançant contre lui des compagnies de miliciens, etc. Mais Dupuis, se jouant de ces obstacles, parvenait, le 22 décembre, à jeter l'ancre dans la rade d'Ha-noï, capitale du Tong-kin (1).

A la vue de cette poignée d'hommes qui avaient pénétré jusqu'au cœur de la province, malgré l'op-

(1) « C'était la première fois que des navires à vapeur arrivaient à Kecho (Hanoï) : grand fut l'effroi des mandarins civils et militaires. M. Dupuis mit tout en œuvre pour les rassurer et leur faire comprendre qu'il n'arrivait pas avec des intentions hostiles, leur disant qu'il ne réclamait que le libre passage pour se rendre en Chine. Les mandarins auraient volontiers fait droit à la demande des voyageurs, afin de se débarrasser d'eux au plus vite, mais d'autre part, ils avaient à craindre d'assumer les responsabilités politiques d'un pareil acte. Le roi ne manquerait pas de leur faire payer cher leur facilité de traiter avec les étrangers. Aussi ne répondirent-ils que par des formules vagues, ces faux-fuyants enfantins qui constituent toute la diplomatie annamite. »

(*Les Missions catholiques*, 12 septembre 1873.)

position des autorités annamites, malgré les pièges qu'elles avaient tendus sur leur passage, les mandarins furent frappés de terreur. Et cette terreur n'eut d'égale que la joie des indigènes qui, croyant voir arriver leur libérateur, accoururent sur le rivage au nombre de vingt à vingt-cinq mille, et le saluèrent de leurs acclamations.

Là, l'hostilité des Annamites s'accentua encore ; ils élevèrent de nouvelles difficultés et employèrent tour à tour la persuasion et les menaces, pour l'empêcher de continuer sa route.

Comme Dupuis, sans se préoccuper de ces manœuvres, se préparait à poursuivre son entreprise, ils firent appel aux troupes chinoises cantonnées dans le nord du Tong-kin, pour le chasser, le représentant comme l'avant-garde des « Brigands de Saïgon ». Le général chinois, après avoir pris connaissance de la mission du voyageur, somma les Annamites de laisser passer le convoi et de lui prêter l'assistance nécessaire, les menaçant d'envoyer des troupes contre eux, s'ils ne s'exécutaient pas.

Donc Dupuis transborda son matériel sur quelques jonques chinoises qu'il fut obligé de réquisitionner, sur les conseils des indigènes, laissa ses navires mouillés à Ha-noï, sous le commandement de M. Millot, son second, et le 18 janvier 1873, il partit pour le Yunnan, avec dix Français et trente Asiatiques.

Dans tout son parcours sur le territoire annamite, des bandes de soldats, excités par les mandarins, l'accompagnèrent de démonstrations hostiles, mais n'osèrent pas l'attaquer.

Quant aux populations indigènes, elles ne pouvaient dissimuler la joie que leur causait l'espoir d'une prochaine délivrance.

Les Pavillons jaunes lui firent une réception amicale, et lui fournirent des provisions et les hommes nécessaires pour remonter jusqu'au camp des Pavillons noirs.

« A Hung-hoa, dit M. Dupuis dans son journal, quelques Pavillons noirs viennent d'un air honteux sur la rive, pour examiner nos jonques, mais je leur dis que, si quelqu'un d'entre eux a le malheur de lever la main sur nous, je profiterai de l'occasion pour les exterminer jusqu'au dernier.

» Arrivés aux avant-postes, on nous reçoit en tirant quelques coups de fusil sans ordre, par çi, par là, puis on me donne un porc et une chèvre, on nous fournit des coolies. Nous trouvons là beaucoup de femmes et d'enfants, mais peu de combattants. Je fais cadeau à tout ce monde de sel et de quelques objets européens...

» A Lao-kai, les Pavillons noirs ne nous voient pas arriver d'un bon œil; ils savent bien que leur règne de brigandage ne durera pas longtemps, une fois le fleuve ouvert, mais que faire puisqu'ils ne sont pas les plus forts? Ils sont polis, mais voilà tout...

» Au dernier moment, les chefs montagnards viennent pour s'entretenir avec moi. Ils me prennent à part, dans un coin de ma chambre, pour qu'on ne les entende pas, et me dépeignent la triste situation qui leur est faite par Lieou. Ils me disent, les larmes aux yeux, combien ils comptent sur moi pour les délivrer des griffes de ce bandit. Puis tout haut, pour qu'on les entende, ils font des éloges pompeux de Lieou, le grand homme. Je leur pose des questions sur la conduite de ce dernier que je ne ménage guère. Ils me répondent en le défendant de leur mieux. Pauvres gens !...

» Le fameux Lieou m'a fait dire, comme en 1871, qu'il était absent, pour ne pas avoir à s'humilier en présence de ses gens, qui le regardent comme un grand homme. »

En remontant le fleuve, il visita les montagnards indépendants, voisins de la frontière de Chine, où il reçut un accueil amical, et atteignit enfin le Yunnan, après avoir constaté, sur tout ce parcours, l'existence de minerais de plomb, d'argent, de cuivre, de fer et d'or, et de carrières de marbre.

Et, le 16 mars, il faisait son entrée dans la capitale, au milieu d'un grand concours d'habitants et de toutes les notabilités, qui l'accueillirent comme le messager de la fortune.

« L'arrivée de l'habile et hardi explorateur et la démonstration si frappante de la facilité des communications avec le Song-koi, soulèvent un véritable enthousiasme parmi la population chinoise, et les mandarins lui renouvellent les offres les plus avantageuses, qu'il refuse encore, comme il avait refusé déjà les offres des grandes maisons de commerce anglaises et allemandes de Hong-kong, espérant toujours que la France, dans un prochain avenir, pourrait bénéficier la première du résultat de ses explorations. » — Extrait d'un rapport lu par M. l'amiral Mouchez, dans la séance de l'Académie des sciences, du 14 mars 1881.

Ces intéressantes découvertes faites par Dupuis, dans ce voyage, comme dans ceux précédents, ont été confirmées par M. de Kergaradec, consul de France à Ha-noï, et par M. Edmond Fuchs, ingénieur en chef des mines à Paris.

Après un voyage qu'il fit au Yunnan en 1877 et dont nous parlerons plus loin, M. de Kergaradec adressa au ministère de la marine un rapport qui a été reproduit par *La Revue maritime et coloniale.*

Nous lui empruntons les lignes suivantes :

« En quittant les rives des lacs (du Yunnan), on abandonne la plaine pour s'enfoncer dans les montagnes appartenant à la chaîne que traverse le territoire du Tong-kin. Il est hors de doute que cette chaîne renferme des richesses métallurgiques extraordinaires, car on y a exploité l'or, l'argent, le cuivre, le plomb, l'étain, le fer et même le mercure, dont on trouve une mine dans le département de Kai-hoa. Et les montagnes qui se trouvent en territoire annamite, dans la province de Thuyen-quang, ne sont pas, disent les Chinois, moins riches que celles du Yunnan. »

M. Edmond Fuchs, chargé d'une mission scientifique, fit au Tong-kin une exploration dans les circonstances que nous rappellerons plus loin.

Ce voyage, commencé en 1881, dura six mois.

Le 2 mars 1883, le chef de la mission fit, à la Société de géographie de Paris, une conférence sur les résultats de cette exploration, et cette conférence a été reproduite par *La Revue scientifique* le 21 avril.

Les études du savant se sont portées principalement sur un vaste bassin houiller, sis à 5 ou 6 kilomètres du golfe du Tong-kin, près la ville de Hong-haï. Ce bassin a une longueur de 100 kilomètres environ; d'après analyse faite à l'École des mines, la qualité du charbon est à peu près identique à celle de la fosse Denain, des mines d'Anzin.

Il constata en outre la présence de paillettes d'or dans les alluvions, et de nombreux filons de quartz aurifère dans le district de Mi-duc.

La conférence de l'habile ingénieur se termine ainsi :

« Au retour de ma mission, la France, par la voie du gouverneur de la Cochinchine, a demandé pour elle la concession et le droit de disposer des gîtes que nous avions explorés et relevés au Tong-kin. Le roi d'Annam a répondu qu'il y avait un obstacle grave à l'accomplissement de ce désir : C'est la présence à l'intérieur de la terre d'un grand dragon aîlé, qui remplit tout le sous-sol et dont l'existence est intimement liée à celle de la famille royale.

» Cette fin de non-recevoir opposée par la cour de Hué à la demande de M. de Vilers, a-t-elle été faite sérieusement? Nous l'ignorons, etc. »

Ces lignes contiennent un détail piquant : la demande des mines du Tong-kin par le gouverneur de la Cochinchine.

Gardons-en note précieusement ; nous aurons plus tard à voir si c'est bien pour la France que le gouverneur a sollicité cette concession.

DUPUIS REFUSE LA FORTUNE. — RETOUR A HA-NOI. M. MILLOT. — MISSION A SAÏGON.

A peine remis de ses fatigues, le courageux explorateur organisa un convoi de marchandises pour Ha-noï, et fit des traités de commerce avec les chefs de la province chinoise, pour des sommes importantes.

Le maréchal Mâ, voulant pourvoir à sa sécurité, chasser les brigands qui infestaient les rives du Fleuve Rouge et s'emparer de leur pays, mit à sa disposition dix mille soldats. Cette armée pouvait lui assurer la puissance et la fortune. Combien se seraient laissé éblouir par la perspective d'un aussi brillant avenir !

Dupuis refusa pour éviter l'introduction d'étrangers dans un pays qu'il espérait donner bientôt à la France. Il se contenta d'une escorte de cent cinquante Chinois, commandés par un cousin du maréchal et se munit, en outre, de lettres du vice-roi du Yunnan, l'accréditant auprès des autorités annamites, comme son mandataire officiel.

Ensuite il descendit le cours du Fleuve Rouge.

Partout où il s'arrêta accouraient les populations pour saluer l'ami du maréchal et du vice-roi, et les chefs indigènes, pour lui proposer des traités concernant l'exploitation de leurs mines et le transport de leurs produits, dont ils ne pouvaient tirer aucun parti, faute de débouchés.

Le 23 avril, il arrivait à Lao-kai, mais laissons-lui la parole :

« Chaque fois que je passe à Lao-kai, Lieou-yuen-fou se cache et son représentant ne veut pas prendre l'engagement de laisser passer devant Lao-kai mes jonques en franchise. Il faudra tout simplement qu'au mois d'octobre prochain, je mette ces bandits à la raison.

» La citadelle de Lao-kai n'a que la porte donnant sur le fleuve qui soit ouverte; les autres portes sont constamment fermées. Pour prendre possession de ce repaire de bandits, il n'y a pas besoin de grands efforts. Il faut commencer par enlever le bastion qui forme l'angle à gauche de la porte et, en enlevant ces positions par un mouvement rapide, c'est à peine si les Pavillons noirs auraient le temps de se mettre sur la défensive et de tirer un coup de fusil.

» 25 *avril.* — Vers 11 heures du soir, il m'arrive deux chefs montagnards qui viennent de l'intérieur pour me voir en secret. Naturellement, toute la conversation roule sur le chef des Pavillons noirs. Celui-ci va jusqu'à faire enlever leurs filles pour les envoyer vendre à Lao-kai à des traitants chinois. Il leur enlève également leurs fils pour les enrôler dans sa bande et pour lui servir d'otages, après quoi il faut les racheter ou il les traîne dans ses camps comme des esclaves.

» Je promets à ces braves gens de les délivrer bientôt, et les assure que le farouche Lieou ne troublera pas longtemps leur sommeil. »

Enfin, le 30 avril 1873, il abordait au port d'Ha-noï avec un chargement de cuivre et d'étain.

Là, il retrouva M. Millot, son second, auquel il avait laissé le commandement de ses navires.

M. Millot était un négociant de Shang-haï, maire de la concession française de cette ville. Homme d'une grande énergie, courageux, prudent, il avait apporté à M. Dupuis le concours précieux de son intelligence, de son activité et de son expérience. Disons tout de suite qu'il lui resta fidèle dans sa mauvaise, comme dans sa bonne fortune.

Pendant l'absence de son chef et ami, qui avait

duré plus de trois mois, les Annamites avaient mis en œuvre, pour le perdre avec ses hommes, tous les moyens que leur avait suggérés leur perverse imagination. Ils avaient défendu à leurs fournisseurs de leur livrer des vivres, croyant les prendre par la famine dans leurs navires. A terre, ils leur dressaient des guets-apens, dans l'espoir de les surprendre et de les assassiner.

Mais M. Millot avait su éviter tous leurs pièges et, malgré leur flagrante hostilité, les forcer au respect de son pavillon.

Afin de rassurer tout le monde par une apparence de tranquillité, et d'éviter l'inaction qui eût pu amener l'ennui et le découragement, il avait organisé des chasses, des régates et des concerts. Matin et soir, un orchestre improvisé, se faisait entendre à bord du navire le *Lao-kai* devant une assemblée d'indigènes ravis d'une pareille fête.

Tous les hommes, pour plus de sécurité, couchaient à bord des navires. Un matin, ayant appris que les bateliers avaient reçu l'ordre de ne plus les transporter sur le rivage, il sauta, avec quelques hommes bien armés, dans une baleinière munie d'une pièce de 4, emmena le capitaine du port et courut chez le mandarin qui avait donné ces ordres. Prenant celui-ci à bras le corps, il le secoua vivement; mais il se sentit saisir lui-même par une vieille femme qui lui criait à tue-tête : « Grand mandarin français, ne tuez pas mon pauvre mari. » Partant d'un éclat de rire, M. Millot lâcha prise et l'Annamite s'excusa en invoquant un malentendu, et donna toutes les autorisations demandées.

A partir de ce moment, les mandarins parurent vouloir laisser en repos la petite troupe, mais son chef veillait, il connaissait trop bien leur tactique. Et en effet, il reçut de M. Puginier qui, à diverses reprises, lui avait donné des avis secrets, une note l'engageant à prendre les plus minutieuses précautions à bord comme à terre.

« Dès ce moment, dit M. Millot, les Européens ne sortirent plus qu'en nombre et armés. Les mandarins, nous sachant prévenus, se tenaient à distance. Maintes fois ils essayèrent de me surprendre dans la ville, mais dès que leurs satellites se voyaient couchés en joue, ils fuyaient à toutes jambes. »

Veut-on savoir quel était l'effectif dont disposait le chef, pour garder ses navires et faire les reconnaissances et les sorties nécessaires ?

10 Européens et une centaine de Chinois.

Le retour de Dupuis augmenta encore les mauvaises dispositions des mandarins et du général. Ils ne firent aucun cas des titres et des recommandations des autorités chinoises, malgré l'obéissance qu'ils devaient à ceux qu'ils reconnaissaient pour leurs suzerains.

Leur audace s'accrut encore par l'arrivée, à Ha-noï,

du meilleur général de Tu-duc, Nguyen-tri-phuong qui, dans la province de Saïgon, avait longtemps lutté contre les troupes françaises, non sans succès, et s'était rendu célèbre par sa haine contre la France et ses persécutions contre les chrétiens.

Leur hostilité croissante décida M. Dupuis à envoyer M. Millot à Saïgon, exposer à l'amiral la situation de l'expédition, et la conduite odieuse des Annamites qui lui avaient causé de graves préjudices, et lui demander ses intentions au sujet du Tong-kin, qu'une poignée d'hommes pourrait réduire et donner à la France.

En cas d'hésitation de l'amiral, Dupuis se chargeait seul, avec ses propres ressources, de planter le drapeau français sur la citadelle d'Ha-noï, et de proclamer la restauration, sous le protectorat de la France, de la dynastie des Lê, cette ancienne famille indigène qui avait laissé, dans le cœur des Tong-kinois, des souvenirs vivaces, et ce, sans qu'il en coûtât à la France un centime ni un homme.

Sur un signe de lui, les indigènes étaient prêts à se soulever et à chasser les mandarins et leurs satellites.

Le 5 juin 1873, M. Millot quitte Ha-noï, touche à Hong-kong, y refuse les offres de gros capitaux que lui font des négociants anglais et américains, pour ne pas les intéresser dans une affaire qui ne doit profiter qu'à sa patrie, remonte à Canton, obtient du vice-roi, par l'intermédiaire de M. le comte de Chappedelaine consul de France (1), la confirmation des pouvoirs donnés à M. Dupuis, cingle ensuite vers Saïgon où il fait part à l'amiral Dupré de l'objet de sa mission.

Ce dernier comprit tous les avantages d'une occupation française ; il recommanda à M. Millot d'éviter tout conflit avec les autorités établies, et d'occuper Ha-noï pendant trois mois encore, pour empêcher les étrangers d'y prendre position, et lui donner le temps d'intervenir à son heure.

Le mandataire de Dupuis lui exposa ensuite que les Annamites avaient, par leurs manœuvres, causé à l'expédition un préjudice considérable, et que les mandarins du Yunnan ne tarderaient pas à pénétrer au Tong-kin pour les obliger à indemniser leur représentant. Alors le gouverneur, reconnaissant la légitimité de la réclamation de Dupuis, recommanda avec instance à son envoyé d'éviter de refuser le concours des mandarins chinois, se chargeant de faire payer lui-même toutes les indemnités dues à l'expédition.

(1) M. de Chappedelaine était un de nos rares représentants à l'étranger, sachant protéger nos nationaux, et défendre courageusement les intérêts confiés entre ses mains.

Certains esprits atrabilaires prétendent que l'unique souci de bon nombre de nos consuls est de tracasser les Français qui ont le mauvais goût de faire fructifier leur travail et leur intelligence, et de parvenir à une situation de fortune supérieure à celle des fonctionnaires dont ils relèvent.

Gare, disent-ils, aux malavisés qui s'aventurent dans nos possessions ! Qu'ils s'estiment heureux, s'ils ne rencontrent pas, sur leur chemin, un écriteau portant ces mots : Il est défendu de réussir dans la juridiction du consulat !

Et il lui fit prêter, sous la garantie de la colonie cochinchinoise, une somme suffisante pour faire face aux frais causés par l'hostilité des Annamites, et à ceux que devait encore occasionner la longue occupation demandée par lui.

M. Millot, heureux de l'accueil de l'amiral et du résultat de sa mission, partit ensuite, acheta un bateau à vapeur pour rivières, qu'il baptisa du nom de *Mang-hao*, chargea sa flottille, réunie à Hong-kong, d'une cargaison d'armes et de munitions, destinée aux autorités chinoises du Yunnan : une mitrailleuse américaine avec cent mille cartouches, des caisses de fusils chassepot et des barils de poudre.

Et, tandis qu'il s'embarquait pour Shang-haï, où l'appelaient ses affaires personnelles, la petite flotte se dirigeait vers le Tong-kin, sous les ordres de M. Ducos de la Haille, ingénieur de la Concession française de Shang-haï, attaché à l'expédition Dupuis.

Le 19 septembre, elle jetait l'ancre dans la rade d'Ha-noï.

FOURBERIE ET HOSTILITÉS DES ANNAMITES. — DÉROUTE DE LEUR ARMÉE. — JEAN DUPUIS EST MAITRE DU TONG-KIN.

Pendant ce temps-là, l'hostilité des mandarins avait pris un caractère encore plus aigu; elle se manifestait par des guets-apens tendus tous les jours à Dupuis et à ses hommes.

Il était défendu aux habitants de leur fournir des vivres; les marins ne pouvaient plus sortir sans être aussitôt attaqués; les Annamites tentaient d'empoisonner leur eau, et délivraient de la prison des malfaiteurs dangereux, à la condition qu'ils mettraient le feu aux maisons des Français; ces misérables essayaient presque toutes les nuits de remplir cette mission criminelle; des radeaux incendiaires étaient lancés sur les bateaux; les indigènes suspects de sympathie pour nous étaient emprisonnés et roués de coups; enfin, la tête de Dupuis et celles de ses marins étaient mises à prix.

En même temps, les mandarins levaient dans tout le Tong-kin des milices qu'ils faisaient converger à Ha-noï; les divers quartiers de la ville en regorgeaient, la garnison de la citadelle était augmentée et faisait tous les jours des démonstrations en armes; et le fleuve était barré en amont et en aval des navires.

Bref, Nguyen-tri-phuong croyait déjà tenir sa proie.

Dupuis ne se laissait pas effrayer par ces provocations et ces dangers; sûr du dévouement et du courage de ses hommes, sûr aussi de la sympathie des indigènes, il n'éprouvait qu'un profond dédain pour les menaces des Annamites.

Mais il ne laissa jamais impunies leurs tentatives

criminelles ; la moindre faiblesse pouvait lui ôter son prestige et le perdre, lui et ses gens.

A son retour du Yunnan, il avait appris que plusieurs Chinois, accusés de lui avoir procuré des jonques, avaient été arrêtés et enfermés dans la citadelle. Aussitôt il prit deux canons et 35 hommes et marcha sur la forteresse. Il n'avait pas encore mis ses pièces en batterie que déjà les mandarins, saisis d'épouvante, accouraient, suppliants, et lui remettaient les prisonniers.

Quelques jours après, il apprit que le chef de la police, à la tête d'une centaine de soldats, rôdait auprès du rivage, pour guetter et enlever ceux de ses hommes qui descendaient à terre ; aussitôt il part au pas de course, prend au passage quatre de ses gens ; le revolver à la main, il s'ouvre un passage au milieu des Annamites qui s'enfuient éperdus, et empoigne le chef qu'il l'emmène prisonnier.

Un jour, le maréchal fit afficher une proclamation pour défendre aux habitants d'entretenir des relations avec les barbares de l'Occident, et menacer ces derniers de sa grande colère. Cette proclamation était abritée par un immense parasol. Les habitants saluaient le parasol, emblème de l'autorité, et lisaient ensuite.

Le capitaine Georges prend un détachement, court enlever parasol et proclamation et, sur les ordres de Dupuis, les promène dans les principaux quartiers au son du clairon et du tambour, puis, aux acclamations du peuple accouru, allume un grand feu et y précipite le parasol.

Un autre jour, voulant châtier le sous-préfet, dont la mauvaise volonté et l'insolence étaient devenues intolérables, il l'enleva, au milieu de sa garde composée d'un millier de soldats, et détruisit la sous-préfecture avec l'aide de nombreux miliciens qui, après avoir pris la fuite tout d'abord, étaient revenus démolir l'immeuble qu'ils étaient chargés de garder.

Quelque temps auparavant, comme les Annamites s'étaient permis d'attaquer ses gens, quand ils étaient isolés ou sans défense, et qu'ils avaient ainsi massacré deux Chinois du Yunnan, il refoula tout le monde, mandarins et soldats dans la citadelle, et leur défendit l'accès de la ville marchande.

Mais autant il se montrait dur, impitoyable pour les mandarins qui commettaient contre lui des actes d'hostilité, autant il était bienveillant, généreux pour le peuple tong-kinois.

Il fit plusieurs proclamations pour le rassurer, lui faire savoir qu'il était son ami et le délivrerait de ses tyrans, et pour l'engager à travailler sans inquiétude.

Le maréchal Nguyen, n'ayant pu chasser cette poignée d'hommes qui, défiant l'autorité, s'étaient installés au cœur du pays et en étaient devenus les maîtres, résolut de tenter un effort suprême pour les exterminer.

Donc, le 11 septembre à 10 heures du matin, il sortit de la citadelle avec ses meilleures troupes et les hauts fonctionnaires de la ville, et fit cacher ses hommes dans des touffes de bambou et des bouquets d'arbres garnissant le glacis d'une digue parallèle au fleuve, à 1,500 mètres du mouillage des navires de Dupuis. Et lui-même monta sur une éminence, pour découvrir les navires et diriger les opérations de la bataille qu'il allait livrer.

Tout à coup, les hommes de l'expédition aperçoivent les parasols et les pavillons massés sur lès bords du fleuve. Quatorze Chinois d'Han-kéou partent en reconnaissance. Ils montent sur la digue pour examiner le talus opposé, lorsque soudain il sont enveloppés par deux à trois cents Annamites qui surgissent de tous les côtés, et d'autres accourent encore. Mais les Chinois, sans perdre leur sang-froid, font plusieurs feux de salve qui mettent en fuite les guerriers du maréchal. Quant à ce dernier et à son état-major, ils disparurent subitement de leur poste d'observation, sans attendre le résultat de la grande bataille.

« Dans cette affaire, dit M. Dupuis dans son journal, les Annamites ont eu plusieurs morts et blessés dont ils n'ont jamais voulu avouer le nombre. De notre côté, deux hommes ont été blessés, mais nous les avons promptement guéris.

» On nous dit que nous venons d'affronter 4 à 5,000 hommes, et les meilleurs soldats du maréchal.

Il est vrai qu'il n'y a eu que 3 à 400 hommes d'engagés avec mes Chinois. »

Dans le même temps, le gouvernement de Hué se plaignait, à l'amiral Dupré, de l'installation de Dupuis au Tong-kin, et le suppliait de le chasser de la contrée.

L'amiral, accueillant cette demande (il n'avait pas encore reçu la visite de M. Millot), adressa à M. Dupuis une dépêche pour l'inviter à se retirer, et lui annoncer que, s'il persistait à rester, il laisserait aux Annamites la faculté d'employer tels moyens qui leur conviendraient pour le chasser.

Ainsi donc, dans cette lutte entreprise par Dupuis pour l'exécution de ses engagements, et pour le triomphe de la grande cause qu'il servait : l'intérêt de la France et de la civilisation, cet homme, en butte aux persécutions d'un gouvernement barbare qui cherchait à le ruiner et à le faire périr avec toute son expédition, ne trouvait pas la moindre protection auprès du gouvernement de son pays !

Malgré tous ces obstacles et ces dangers, malgré l'abandon où le laissait l'amiral Dupré, son courage indomptable ne faiblit pas un instant.

Objet de la terreur des mandarins et du général, il devint l'idole des indigènes. Cet homme qui faisait trembler les oppresseurs et protégeait les opprimés et les faibles, qui donc pouvait-il être, sinon un libérateur envoyé par Bouddha ?

Dupuis fit un noble usage de l'ascendant qu'il avait acquis sur les Tong-kinois : il leur apprit à connaître et à aimer la France, la noble et généreuse France qui bientôt viendrait les délivrer de leurs tyrans.

Sa réputation se répandit dans toute la contrée. Les chefs des partisans des Lê, et de plusieurs peuplades voisines, vinrent à différentes reprises lui offrir leur concours et celui de plusieurs milliers d'hommes prêts à marcher ; Dupuis n'accepta que cent soldats chinois. Avec sa petite troupe et ce renfort, il se chargeait de tenir en respect toutes les armées que pourrait envoyer contre lui le roi de l'Annam.

LE DERNIER CONVOI. — LES TERRIBLES GUERRIERS DE L'ANNAM. — LE FLEUVE EST FERMÉ.

Ayant enfin réussi à vaincre tous les obstacles suscités par la mauvaise foi et l'hostilité des Annamites, M. Dupuis organisa un convoi qui était attendu au Yunnan depuis plusieurs mois. Il en avait bien expédié un autre précédemment, mais, comme il n'était pas suffisamment armé, les Annamites l'avaient attaqué, et obligé à revenir à son point de départ.

Le 8 octobre 1873, il partit d'Ha-noï avec douze

jonques chargées de sel et trois barques portant les hommes qui devaient protéger le convoi.

Ce sel était destiné aux troupes chinoises du Yunnan. Par un traité régulier, Dupuis s'était engagé à leur fournir, en deux ans, 75,000 piculs de sel (le picul pèse 60 kilogrammes) contre un poids égal de cuivre. Cette seule opération devait lui procurer un bénéfice de plusieurs millions de francs.

Ce n'était, du reste, pas le seul avantage matériel qu'il devait tirer de son expédition. En outre de plusieurs marchés passés avec des chefs montagnards, il s'était engagé à fournir, à une société de négociants d'Ha-noï, une garde suffisante pour leur assurer l'exploitation tranquille de mines de métaux. En retour, ces derniers devaient lui payer cent mille francs par mois pendant toute la durée des travaux.

Après son dernier passage, les Annamites avaient garni les bords du fleuve, de bastions, de palissades et de retranchements, pour l'empêcher de remonter. Mais il détruisit ces fortifications, dispersa leurs défenseurs à coups de fusil et de canon, et brûla les barrages.

Voici quelques épisodes de ce voyage, racontés par M. Dupuis dans son journal :

« 10 *octobre.* — Au-dessus de notre mouillage, il existe deux forts que les Annamites ont construits pendant l'été pour nous empêcher de remonter au Yunnan. Ces forts sont très bien faits ; des palissades en bambous protègent les talus et des bambous tressés servent de cadre aux embrasures et aux bastions. Nous remarquons là les fameux radeaux incendiaires avec ou sans jarres et la plupart échoués le long de la rive, ainsi que de tout petits radeaux en bambous très épais, supportant une petite cabane où peuvent tenir deux ou trois hommes.

» Je me présente avec le *Mang-hâo* en tête du convoi devant les retranchements annamites, et je somme le chef qui commande aux valeureux soldats de l'Annam, de nous laisser tranquillement faire notre route, lui déclarant qu'en cas d'hostilité, je me verrai forcé de les mitrailler jusqu'au dernier. J'ordonne de plus de descendre tous ces nombreux pavillons qui flottent sur les remparts en signe de défi, après quoi nous serons les meilleurs amis du monde. On s'empresse d'obtempérer à cette sommation.

» Un grand nombre de soldats que la peur tenait cachés derrière les parapets, se rassurent peu à peu et finissent par montrer la tête. Pour leur donner une idée de la puissance de nos forces, je fais tirer un coup de canon sur un banc de sable où l'obus éclate en produisant le bruit du tonnerre.

» Ces malheureux savent bien que je ne leur veux aucun mal, mais, s'ils tiennent à garder leur tête, ils sont obligés, par ordre des mandarins, de prendre une attitude hostile. Il y aussi une partie des Tong-kinois parmi ces hommes, qui est toujours prête à se mettre de mon côté et les Annamites le savent bien.

» Ils sont tous enchantés de la détermination prise, bien que quelques coups de rotin les attendent.

» 17 *octobre*. — Le matin j'aperçois beaucoup de monde de l'autre côté du fleuve, derrière les parapets construits le long de la rive ; la foule s'étend sur un espace de plus d'un kilomètre, jusqu'en face d'un petit fort situé de notre côté. Des coups de feu se font entendre ; mais nous ne voyons aucun projectile tomber dans l'eau. Pure bravade !

» Je fais descendre à terre une cinquantaine de soldats du *Kouang-si* pour marcher sur le petit fort, pendant que le *Mang-hâo* monte se placer en face. Il y avait peut-être dans ce fort deux cents malheureux qui se sauvent, dès qu'ils voient que mes hommes marchent sur eux. Pendant ce temps, les Annamites qui se trouvaient sur la rive opposée, sous les yeux des mandarins de la ville, avec le fleuve entre eux et nous, continuaient à faire parler la poudre. Nous embarquons nos hommes sur le *Mang-hâo* et nous traversons le fleuve pour aller mettre tous ces braillards à la raison, tout en leur adressant quelques obus qui les font fuir à toutes jambes vers la ville. Nous débarquons nos hommes un peu plus bas que les retranchements, afin de pouvoir les tourner ; mais les Annamites n'attendent pas l'exécution de ce mouvement pour se sauver dans la ville ou dans l'intérieur du pays.

» Les travaux de fortification et les engins destructeurs sont considérables. On est ici près des forêts et l'endroit était tout désigné pour la construction des fameux radeaux incendiaires ; aussi aperçoit-on de ces engins de chaque côté du fleuve et aussi loin que la vue peut s'étendre ; un grand nombre d'entre eux ont leur installation complète, d'autres sont encore sans jarres. Les chaînes de bambou ne manquent pas non plus.

» J'ai admiré aussi le parapet qui s'étend sur une longueur de plus d'un kilomètre, avec une succession de bastions derrière lesquels se tenaient cachés ces braves, pour nous tirer dessus. Le tout est fait de mottes de terre et de bambous, mais très bien fait, trop bien même pour ne servir à rien.

» On me dit qu'on a réquisitionné près de 50,000 paysans pendant deux mois pour faire ces travaux, prendre les bambous dans la forêt, construire les radeaux et les fortifications, transporter les jarres, l'huile, le coton, etc.

» J'ordonne à mes hommes de mettre le feu à tous les radeaux qui sont près de terre ; ils sont assez secs pour brûler. Pendant ce temps, je fais partir les jonques pour ne pas perdre de temps.

» Les remparts de la petite ville sont couverts de gens qui nous regardent faire ; ces gens, voyant que nous ne nous occupons pas d'eux, commencent à se rassurer un peu ; et puis tous ces malheureux sont bien contents de voir détruire ce que leurs mandarins ont pris tant de peine à édifier pour faire le mal.

Nous avons mis le feu à des radeaux qui étaient à moins de deux cents mètres des remparts ; on aurait dit que c'était un feu de joie ; il fallait entendre les éclats de rire de tout ce monde. »

Ensuite, ayant passé le dernier poste annamite, Dupuis installa sur les bords du fleuve, au pied du premier rapide, dans un endroit propice appelé Seau-tun, un camp qu'il fit garder par une centaine d'hommes, pour maintenir la liberté des communications. Ce camp ne devait pas tarder à devenir le lieu de refuge de nombreux habitants de la contrée qui vinrent y établir leurs demeures, sous sa protection.

Et pendant que ses bateaux se dirigeaient vers le Yunnan, lui-même redescendait le cours du fleuve, détruisait des flottilles entières de radeaux incendiaires préparés pour ses navires, et rentrait dans la rade d'Ha-noï, le 27 octobre.

A peine parvenu à Ha-noï, Dupuis apprit l'arrivée, dans les eaux du Tong-kin, d'un navire de guerre amenant une mission française.

Avec quelle joie, il accueillit cette nouvelle, attendue depuis si longtemps !

« A ce moment, dit M. l'amiral Mouchez, dans le rapport cité plus haut, la navigabilité du Song-koï est bien démontrée ; l'hostilité des Annamites est comprimée, et les Tong-kinois sont bien disposés à recevoir l'intervention française. Mais ici se termine la partie heureuse et féconde de la carrière de Dupuis, celle pendant laquelle il a toujours agi seul, et commencent, avec l'intervention officielle française tant sollicitée par lui, la série de ses mésaventures et sa ruine. »

Depuis cette époque les Chinois ont fait plusieurs fois le parcours, mais rançonnés par les Pavillons noirs et exploités par les nombreuses douanes annamites, ils ont été obligés de renoncer à cette voie de communication.

Au mois de janvier 1877, M. de Kergaradec, consul de France à Ha-noï, tenta d'explorer le fleuve ; mais il fut arrêté à Lao-kaï par les Pavillons noirs et il dut rebrousser chemin. Il renouvela sa tentative le 18 février même année et réussit à remonter le fleuve jusqu'à Mang-hao, caché au fond de sa jonque, et escorté par les bandits qui menaçaient de le tuer, lui et ses gens, s'ils osaient montrer la tête.

Il gagna ensuite Mont-ze par un chemin terrestre, mais l'accueil qu'il reçut fut loin d'être flatteur. Les populations se rappelaient que, si le fleuve n'était pas ouvert, si les espérances de prospérité et de fortune que leur avait fait concevoir Dupuis, n'étaient pas réalisées, le seul auteur était le gouvernement français dont il était le représentant.

M. de Kergaradec adressa au ministre de la marine un rapport dont nous avons déjà parlé plus haut. Ce rapport constate que les Pavillons noirs recevaient alors leur solde du roi d'Annan, pour un effectif de 1,500 hommes environ ; que leur chef était la terreur de la contrée ;

Que la navigation, facile jusqu'à Lao-kaï, devient périlleuse de Lao-kaï à Mang-hao, région des rapides, à cause de la présence de bancs de sable mouvant et de rochers qui obstruent le lit du fleuve, et que, toutefois, on éviterait ce danger en se servant de pilotes.

Malgré ce témoignage et d'autres encore, des gens de parti pris et certains explorateurs en chambre, ont émis des doutes sur la navigabilité du fleuve, et pourtant Dupuis l'avait prouvée, cette navigabilité, en employant un procédé renouvelé de Diogène, en faisant marcher ses bateaux depuis le golfe jusqu'à Mang-hao, sur un parcours de six cent soixante-quinze kilomètres.

CHAPITRE III

FRANCIS GARNIER. — SA MISSION AU TONG-KIN. — SA RÉCEPTION PAR LES ANNAMITES. — PRÉPARATIFS DE COMBAT.

Les autorités annamites, n'ayant pu parvenir à éloigner Dupuis du Tong-kin, l'avaient odieusement calomnié auprès de l'amiral Dupré, et, le représentant comme un pirate allié aux brigands qui désolaient le pays, l'avaient supplié de le chasser. En même temps, fidèles à leur politique de perpétuelle duplicité, elles réclamaient l'intervention du gouvernement anglais de Hong-kong, et de l'empereur de Chine, leur suzerain.

De son côté, Dupuis se plaignait de la mauvaise foi et des manœuvres des Annamites qui, pour l'empêcher de remplir sa mission, l'avaient retenu à Ha-noï, pendant plusieurs mois, avec ses quatre cents hommes, à l'époque la plus favorable pour la navigation, et lui avaient ainsi causé un préjudice considérable dont il leur demandait réparation.

L'amiral prit avec empressement le rôle de médiateur, voyant là une excellente occasion pour intervenir au Tong-kin et y prendre pied, sans tirer un coup de canon.

Depuis longtemps, il avait compris tout l'intérêt que nous avions à prendre position dans ce beau pays.

Le 28 juillet 1873, après la visite de M. Millot, il avait, à la suite d'un rapport concernant l'affaire Dupuis, adressé la dépêche suivante au ministre de la marine :

« Le Tong-kin est ouvert de fait par le succès de l'entreprise Dupuis, dont les bateaux ont remonté le fleuve du Song-koï jusqu'aux frontières de l'Yunnan. Effet immense dans le commerce anglais, allemand, américain ; nécessité absolue d'occuper Tong-kin avant la double invasion dont le pays est menacé par les Européens et les Chinois, et assurer à la France, route unique. Demande aucun secours, ferai avec propres moyens. Succès assuré. »

Dans le rapport cité plus haut, l'amiral Dupré insiste vivement pour l'occupation immédiate du Tong-kin ; puis il ajoute, dans un beau mouvement de patriotisme qu'il faut nous hâter d'admirer, car il ne durera pas longtemps : « Je suis prêt, s'il reste un doute dans votre esprit et dans celui du gouvernement, à assumer toute la responsabilité des conséquences de l'expédition qui se projette, à m'exposer à un désaveu, à un rappel, à la perte d'un grade auquel je crois avoir quelques droits. Je ne demande ni approbation, ni renforts ; je vous demande de me laisser faire, sauf à me désavouer, si les résultats que j'obtiens ne sont pas ceux que je vous ai fait entrevoir. »

Il se hâta donc d'organiser une expédition, et mit à sa tête un officier du plus grand mérite, M. Francis Garnier, lieutenant de vaisseau qui, en 1866, avait commandé en second la mission d'exploration du Mékong et de l'Indo-Chine.

« On trouve bien rarement, a dit depuis M. Levasseur, de l'Institut, l'intrépidité, la science, le patriotisme et l'amour des grandes découvertes, réunis à un tel degré dans un même homme et dans un homme aussi jeune. »

Garnier s'embarqua à Saïgon, le 11 octobre 1873, sur l'aviso *le Destrées*, avec quatre-vingt-six hommes et plusieurs officiers.

Arrivé dans le golfe du Tong-kin, il se dirigeait sur Ha-noï, lorsqu'il rencontra Dupuis qui avait appris son approche, au retour de son voyage du Yunnan, et venait au-devant de lui se mettre à sa disposition.

Dès la première entrevue, les préventions de Garnier contre Dupuis tombèrent complètement. Ce n'était pas [illegible]an que lui avaient annoncé les Annamites, mais un honnête homme, plein de bon sens et de patriotisme, ainsi qu'il l'a écrit depuis.

Le 5 novembre, Garnier remorqué par un vapeur de Dupuis, arrive à Ha-noï.

Sur les ordres de ce dernier, il est salué par les navires en rade; trente-trois coups de canon annoncent l'arrivée du représentant de la France. Les soldats du Yunnan, étendards déployés, lui présentent les armes, les tambours battent aux champs.

« L'arrivée des Français fut saluée par une acclamation presque universelle : on voyait en eux des libérateurs ; on se croyait déjà sur le point d'être affranchi du despotisme subi depuis le commencement du siècle » (*Missions catholiques.*)

Quant aux mandarins annamites, ils s'abstinrent de venir recevoir l'envoyé du gouvernement français et de lui rendre les honneurs d'usage.

A peine débarqué, ce dernier reconnut les mauvaises dispositions des autorités à son égard : on lui assignait une mauvaise auberge pour son logement et celui de sa troupe.

Aussitôt il fit ranger son détachement devant l'une des portes de la citadelle, franchit l'entrée avec quinze hommes avant qu'on ait pu fermer la porte, et pénétra jusqu'auprès du maréchal Nguyen qui, malgré son courage et son énergie, qualités si rares chez un Annamite, fut frappé d'épouvante par cette irruption audacieuse.

Le maréchal, sommé de fournir un logement convenable, se confondit en politesses et s'exécuta vivement.

Garnier se mit immédiatement en relations avec l'ambassadeur de la cour d'Hué, mais la mauvaise foi de ce dernier le fit bientôt renoncer à l'espoir de toute entente : il prétendait n'avoir pas de pouvoirs suffisants pour traiter la question commerciale, mais en revanche, il réclamait, avec une vive insistance, l'expulsion de Dupuis et le départ immédiat de l'expédition française.

Après une enquête minutieuse, l'officier français, reconnaissant que tous les torts étaient du côté des Annamites, et que ces derniers en devaient la réparation, refusa d'accéder à leur inique demande.

« Les prétentions de M. Dupuis étaient trop raisonnables pour que Garnier pût y trouver à redire. Il demandait, en sa qualité de commerçant pour le service des autorités chinoises, avec lesquelles il avait contracté des engagements, la liberté de circuler sur le fleuve qui a la moitié de son parcours au Tong-kin et l'autre moitié en Chine. Notons en passant, que les Chinois sont autorisés à faire le commerce dans l'intérieur du Tong-kin et peuvent librement circuler sur le fleuve. M. Dupuis ne demandait qu'à profiter du même bénéfice et aux mêmes conditions. S'il eût refusé de se soumettre à des conditions justes, exigées pour le passage, le gouverneur aurait eu droit de se plaindre. M. Dupuis était trop prudent et trop loyal pour vouloir se mettre au-dessus des lois du pays.

L'objet de sa demande n'était donc pas exorbitant; M. Garnier tâcha de le persuader aux mandarins. » (*Missions catholiques*, du 31 mars 1874.)

Puis il fit afficher une proclamation annonçant l'ouverture du Fleuve Rouge au commerce, à partir du 15 novembre 1874, et contenant les tarifs des droits de douane.

L'attitude des mandarins prit aussitôt un caractère d'hostilité non équivoque : à plusieurs reprises, ils tentèrent de faire périr les Français, en empoisonnant leur eau et en brûlant leur camp, et pendant ce temps, le maréchal levait des milices et renforçait la garnison d'Ha-noï, annonçant partout qu'il allait s'emparer des barbares d'Occident et leur couper la tête.

Ces manœuvres criminelles et ces préparatifs de combat affaiblirent l'autorité du commandant français; la sécurité des Européens était gravement ménacée; Garnier comprit qu'un coup d'éclat pouvait seul raffermir son prestige et conjurer tout danger.

Donc, il décida l'attaque de la citadelle pour le 20 novembre, de concert avec Dupuis qui se chargeait de diriger une colonne sur l'une des portes.

Depuis quelques jours, il avait reçu de Saïgon des renforts importants : deux canonnières, *le Scorpion* et *l'Espingole*, sous les ordres de M. Balny d'Avricourt, et une compagnie d'infanterie de marine.

Son effectif total était de deux cent douze hommes, son artillerie se composait de onze canons.

La citadelle que cette poignée d'hommes allait attaquer, était un vaste quadrilatère bastionné, dominé par une haute tour. Le développement des murs était de 6 kilomètres ; un fossé les entourait de toutes parts. Les portes étaient protégées par des redans.

Ces fortifications avaient été élevées sur les plans d'officiers français, d'après le système de Vauban.

De nombreux canons mal montés garnissaient les murs et les bastions.

Le maréchal avait réuni, dans la citadelle, six à sept mille Annamites armés de fusils à mèche ou à pierre, de lances, de sabres, etc.

C'est donc surtout dans leur nombre et dans l'épaisseur de leurs murailles, que résidait la force de ces guerriers.

PRISE DE LA CITADELLE D'HA-NOI.

Le 20 novembre 1873, au lever du jour, les deux canonnières embossées dans la rade ouvrent le feu sur la citadelle et jettent le désarroi dans le camp des Annamites, surpris par cette attaque imprévue.

Une demi-heure après, Garnier, qui avait envoyé M. Bain occuper avec une escouade le redan sud-ouest, se met à la tête d'un autre peloton, attaque le redan sud, disperse ses défenseurs et défonce la porte de la forteresse à coups de canon.

La colonne s'élance dans l'enceinte.

De son côté, Dupuis avait fait garder la porte nord par un détachement.

Puis, prenant avec lui le reste de ses hommes, il attaquait le redan de l'est, défendu par un millier de soldats. Les artilleurs annamites, ne pouvant tenir devant un feu meurtrier, prennent la fuite ; les assiégeants escaladent les murs du redan, forcent la porte de la citadelle et pénètrent dans l'intérieur.

Attaqués des deux côtés à la fois, mitraillés, poursuivis, les Annamites sont saisis d'une folle terreur. Ils jettent leurs armes et s'enfuient éperdus.

Garnier et Dupuis se rejoignent dans l'enceinte, après avoir tout balayé sur leur passage.

Le drapeau français flottait déjà sur la citadelle.

Il était sept heures du matin.

Donc, en une heure, une poignée de Français aidés par quelques auxiliaires étrangers, s'était emparée de l'antique capitale du Tong-kin !

L'ennemi avait perdu quatre-vingts morts, trois cents blessés et laissé deux mille prisonniers entre nos mains.

Les assiégeants n'avaient perdu qu'un seul homme, appartenant à l'expédition Dupuis. Presque tous les mandarins et généraux annamites étaient tombés en notre pouvoir, et parmi eux, deux anciens chefs d'insurrection qui, dans la Cochinchine, nous avaient longtemps combattus.

Le maréchal Nguyen, en voulant exciter ses soldats

sur les remparts, reçut une balle d'obus. Il succomba peu de temps après. Ce fut une perte irréparable pour le royaume d'Annam.

Après l'action, M. Bain de la Coquerie, enseigne de vaisseau, pour empêcher les fuyards de se rallier, prit 40 hommes et un canon et les poursuivit jusqu'au fort de Phu-hoaï, situé à six kilomètres d'Ha-noï et commandant la route de Son-tay.

La panique fut telle, qu'une seul coup de canon et quelques coups de chassepot firent fuir toute la garnison, et pourtant le fort était protégé par des bastions, des fossés, une haie de bambous et une dizaine de canons.

Le lendemain, Garnier désarma les prisonniers et s'installa dans cette immense citadelle avec sa petite troupe, pendant que Dupuis se chargeait de la police de la ville marchande.

En même temps, il adressait aux Tong-kinois une proclamation pour les rassurer, leur confirmer l'ouverture du Fleuve Rouge au commerce, les exhorter à se mettre au travail et à lui prêter leur concours, leur promettant, de son côté, l'appui et la protection de la France.

Et, sans perdre un seul instant, il réorganisa l'administration, installa les fonctionnaires, créa une milice ; en moins de dix jours, plusieurs milliers d'hommes vinrent se mettre à sa disposition, et parmi eux, le chef des partisans de la dynastie des Lê.

« Chose inouïe dans ce pays, dit M. Lesserteur,

dans les *Missions catholiques*, une foule de volontaires vinrent dès les premiers jours lui offrir leurs services, et en moins de deux semaines leur nombre s'éleva à plusieurs milliers. Jamais le roi d'Annam n'avait vu se manifester en sa faveur semblable patriotisme. Dans la guerre contre ces brigands chinois, on vit souvent des bataillons entiers déserter, avant d'avoir même aperçu l'ennemi, mais jamais il ne s'était présenté de volontaires. »

LES LIEUTENANTS DE GARNIER. — OCCUPATION DU DELTA. — SÉRIE D'EXPLOITS.

L'occupation d'Ha-noï ne suffisait pas pour assurer la liberté des transactions commerciales.

Le commandant de l'expédition comprit qu'il lui fallait obtenir, de gré ou de force, le concours des autorités établies dans toutes les villes fortes du Delta.

Le 23 novembre, il envoya en reconnaissance la canonnière *l'Espingole*, sous les ordres de M. Balny, avec quinze fantassins commandés par le lieutenant de Trentinian. Le docteur Harmand, médecin de la marine, leur avait été adjoint.

Dans l'espace de sept jours, ces officiers reçurent,

sans coup férir, la soumission du gouverneur de Hung-yen, capitale de la province de ce nom, et s'emparèrent en dix minutes, avec trente-deux hommes, de la forteresse de Phu-ly, défendue par un millier de soldats.

Puis le 1er décembre, ils vinrent mouiller devant Haï-dzuong, ville occupant une position stratégique d'une importance considérable, puisqu'elle commande la principale route d'Ha-noï au golfe. Elle était défendue par plusieurs forts et une citadelle bastionnée, garnie de nombreux canons et entourée d'un fossé large et profond. Ces fortifications étaient l'œuvre d'ingénieurs français qui les avaient élevées, pour protéger l'intérieur du Tong-kin contre les pirates.

Une bordée de coups de canons lâchée par le fort, accueillit la petite troupe, mais en cinq minutes M. de Trentinian s'empara de la position et s'élança vers la forteresse. Il escalada les murs du redan qui protégeaient la porte, sous le feu d'une pièce chargée à mitraille qui fit quatre fois feu sans atteindre un seul homme.

Les assaillants arrivent en face d'une porte énorme qui résiste aux coups réitérés de la hache ; leur position devient critique, ils allaient battre en retraite, lorsque le docteur Harmand, par une heureuse inspiration, tire un coup de fusil sur l'un des barreaux qui surmontaient la porte et laissaient voir des lances prêtes à recevoir les Français. Le bois vole en éclats; les autres barreaux sont brisés aussitôt et, par l'ouverture, la petite troupe saute dans l'intérieur.

Les Annamites se sauvèrent de tous côtés en jetant leurs armes.

« En une heure et demie, dit M. Romanet du Caillaud, trente-deux Français avaient, sans le secours du canon, enlevé une forteresse admirablement préparée pour la défense et d'un armement formidable; forteresse contre laquelle étaient venues s'échouer, dix années auparavant, toutes les forces du prétendant Le Phung. »

Pendant ce temps, un aspirant de marine, M. Hautefeuille, monté sur un canot, explorait les nombreux bras du Fleuve Rouge, détruisait les barrages élevés par les ennemis, et, le 5 décembre, arrivait devant Ninh-binh, capitale de la province de ce nom, que protégeait une forteresse défendue par dix-sept cents soldats et quarante-six canons.

En se dirigeant sur la rive pour aborder, son canot échoue; la chaudière éclate en même temps et les miliciens accourent pour le cerner; il se laisse aller à la dérive, saute dans une barque et de là à terre, avec cinq Français et deux Annamites de Saïgon, drapeau en tête et baïonnettes au canon.

Apercevant sous les murs de la citadelle un mandarin à quatre parasols, il écarte les miliciens, court sur lui, le saisit au collet et l'entraîne dans une maison voisine; là, il lui demande son acquiescement à la liberté de la navigation, et sur son refus, mettant sa montre sur la table et son revolver sur sa tempe, il le somme de lui livrer la citadelle, lui donnant un quart d'heure pour s'exécuter.

En même temps, les marins, l'arme en joue, tenaient les Annamites à distance respectueuse.

Le commandant de la place, — car c'était lui, — signa en tremblant la capitulation; aussitôt le drapeau français fut hissé sur la citadelle, les portes fermées, les mandarins arrêtés, et l'intrépide officier fit le tour des remparts avec trois hommes, au milieu des soldats en rangs, à genoux, les armes à terre.

Il est vrai que plus tard, le commandant que l'émotion avait tenu au lit pendant dix-sept jours, déclara à M. Hautefeuille qu'en voyant son navire marcher tout seul, il avait cru qu'il cachait une armée dans ses flancs, et que, sans cela, il lui aurait fait couper le cou.

De son côté, Garnier, laissant à M. Bain le commandement de la garnison d'Ha-noï, descendit le cours du fleuve sur la canonnière *le Scorpion*, s'empara, après une vive résistance, de plusieurs forts défendant le passage.

« Le 9 décembre, dit M. Dupuis dans son Journal de voyages, F. Garnier arrive devant Ninh-binh et est fort surpris de voir le pavillon français se lever dans les airs, appuyé d'une salve de tous les canons de la place.

» Après avoir félicité M. Hautefeuille sur son hardi

coup de main, F. Garnier se dirige sur Nam-dinh. Il enlève les trois forts qui défendent l'entrée de l'arroyo, puis arrive devant cette ville, acclamé par les populations qui se pressent le long des rives. Cependant la citadelle ouvre le feu sur *le Scorpion*, un boulet atteint le mât de misaine et enlève le paratonnerre. F. Garnier envoie l'aspirant Bouxin avec quinze hommes et une pièce de quatre, feindre une attaque sur la porte du Sud, pendant que l'ingénieur hydrographe Bouillet, avec une autre colonne, doit pénétrer dans la ville marchande, pour en chasser toute bande ennemie.

» F. Garnier débarque avec 15 marins vers la porte de l'Est et il est rejoint bientôt par M. Bouillet. On s'empare du redan ; puis, après quelques difficultés, F. Garnier avise des chevaux de frise à l'aide desquels il escalade le parapet. A la vue des Français, les Annamites évacuent précipitamment la place.

» De notre côté, plusieurs blessés, dont un officier.

» Nam-dinh étant pris, Garnier y installa M. Harmand comme gouverneur, après lui avoir donné seulement quelques conseils de vive voix : il devait chercher à organiser la province et former une milice.

» Pour surveiller une province d'environ deux millions d'âmes, M. Harmand disposait d'un détachement de 25 hommes. »

En même temps, presque toutes les villes inférieures avaient envoyé leur soumission.

Ainsi, en quelques jours, Garnier et ses lieutenants avaient pacifié la plus grande partie du Tong-kin : les milices étaient organisées, les volontaires arrivaient par milliers.

« Ces soldats improvisés, dit M. Lesserteur, qui n'avaient la plupart jamais manié d'armes, firent des prodiges. Cent d'entre eux, ayant à leur tête cinq soldats français, mettent en fuite plus de douze cents hommes envoyés par les mandarins de Bac-ninh pour livrer bataille. Quelques jours après, les troupes des mandarins de Sontay reprennent la sous-préfecture d'Hoai, limitrophe de leur province, et qui n'était pas défendue. Deux cents volontaires seulement sont envoyés pour les chasser. La première rencontre étant restée sans résultat, M. Garnier envoie à leur secours un renfort considérable : deux soldats français. Quelques instants après, les troupes des mandarins prenaient honteusement la fuite. »

D'un autre côté, grâce au concours empressé des indigènes, l'administration avait repris son fonctionnement régulier, et déjà les Tong-kinois, le cœur rempli de joie, se croyaient délivrés pour toujours de leurs oppresseurs, et voyaient s'ouvrir devant eux l'ère de liberté et de prospérité qu'ils avaient rêvée, à l'abri du pavillon français.

LE DERNIER BOULEVARD DE LA RÉSISTANCE. — COMBAT CONTRE LES PIRATES.

Le Delta était pacifié presque en entier. Il ne restait plus qu'à soumettre la région supérieure s'étendant depuis les alentours de Sontay jusqu'aux postes des Pavillons noirs.

La ville de Sontay, capitale de la province sise au nord-ouest d'Ha-noï, était occupée par un général annamite, le prince Houang, qui y avait réuni des forces importantes.

Dupuis avait vivement engagé Garnier à s'emparer de cette ville, qui commandait le cours du fleuve, et à se rendre maître du général, le seul homme capable de rallier les forces ennemies et d'opposer une résistance sérieuse. Mais le commandant français était resté sourd à ce conseil et avait préféré porter tous ses efforts, d'abord dans le Delta, où le réclamaient les missionnaires menacés dans leur sécurité.

Pendant qu'il opérait dans ces provinces, le détachement laissé à Ha-noï, pour la protection de la contrée, avait tous les jours des escarmouches avec les soldats de Sontay. L'audace de ceux-ci s'accrut avec leur impunité ; leur nombre grossissait tous les jours. Ils réussirent à s'emparer du fort de Phu-hoaï, occupé par une poignée de Français, et qui était le seul obstacle s'opposant à une attaque contre la garnison d'Ha-noï.

Leurs bandes ravageaient tout sur leur passage, et promenaient l'incendie et le meurtre dans les villages suspects de sympathie pour les Français. La garnison d'Ha-noï était insuffisante pour parer à ce nouveau danger. Elle aurait été exposée à succomber sous le nombre, si Dupuis n'avait mis à la disposition de M. Bain, le chef du détachement, son bras, ses hommes, ses navires et ses munitions.

Le 6 décembre, M. Perrin, aspirant de marine, traversa le fleuve avec quatre marins et quelques militaires armés de lances et de fusils à mèche, pour chasser des bandes de pirates qui, retranchés dans la ville de Bac-ninh, faisaient aux alentours des incursions quotidiennes et venaient de s'emparer d'un poste établi sur la rive gauche du fleuve, en face d'Ha-noï.

Mais ces bandes avaient repoussé la petite troupe et l'avaient refoulée sur les rives du fleuve qu'elle ne pouvait franchir, faute de barques, lorsque le capitaine Georges, commandant le navire le *Hong-Kiang*, mouillé dans la rade, voyant le danger, ouvrit le feu sur les bandits. Il était temps : les ennemis cernaient déjà M. Perrin qui, ayant épuisé presque toutes ses munitions, ne répondait plus que de temps à autre par quelques coups de fusil. Les obus, en éclatant au milieu des Annamites, leur firent lâcher prise et ils coururent se réfugier derrière un pli de terrain.

Attiré par la canonnade, M. Dupuis, suivi de M. Lasserre, secrétaire de Garnier et de trois de ses Chinois, traverse l'eau, en même temps que quelques marins accourus de la citadelle avec un canon.

« Parvenus de l'autre côté de l'eau, dit M. Dupuis, nous tombons d'accord, M. Perrin et moi, pour donner la chasse aux Annamites qui se trouvent dans un pli de terrain, derrière un village auquel ces bandits viennent de mettre le feu. Comme on débarque la pièce de canon, nous partons. Nous sommes, M. Perrin et ses quatre hommes, M. Lasserre, mes trois Chinois et moi, au total dix hommes bien armés. Quant aux miliciens, ils restent en arrière pour attendre le canon. Au bout de huit cents à mille mètres, nous parvenons au point culminant où se trouve le village que l'ennemi vient d'incendier; après l'avoir contourné, nous apercevons les Annamites à environ 1,500 mètres dans la plaine.

» Ils peuvent bien être cinq cents au plus, avec deux éléphants armés en guerre, et ils se trouvent disséminés de chaque côté de la route. Nous marchons sur eux en suivant la chaussée qui est très large et domine les terres. A mesure que nous avançons, les Annamites qui se trouvent au loin, sur la chaussée, marchent devant nous, pendant que ceux qui se tenaient sur les côtés, prennent position de deux cents à deux cent cinquante mètres, pour nous attendre au passage. Quelques coups de chassepot ont bientôt fait déguerpir ces derniers qui vont se cacher plus loin derrière les villages.

» Nous continuons notre poursuite, en tirant de temps à autre sur ceux qui marchent devant nous, et qui se mettent parfois à portée de nos fusils, pour nous provoquer et nous entraîner plus loin, afin de permettre à ceux qui sont en arrière de se reformer et de nous couper la retraite. Après avoir parcouru ainsi plus de 400 mètres, nous nous arrêtons un moment avant de rebrousser chemin, mais lorsque nous voulons revenir sur Ha-noï, nous trouvons la chaussée occupée par la bande que nous avions laissée en arrière, et qui a l'intention de nous disputer le passage, pendant que ceux que nous poursuivions viennent maintenant derrière nous.

» Arrivés à 500 mètres, une partie de ceux qui sont devant nous passent à droite et à gauche de la route, et les autres continuent à marcher. Le chef principal qui est à cheval, fait tous ses efforts pour rallier son monde qui s'écarte de la chaussée pour nous laisser passer ; quelques coups de fusil à droite et à gauche suffisent pour mettre tous ces hommes en déroute, mais lui, qui vient de recevoir une balle qui l'a fait trébucher sur son cheval, avance toujours, bien que les siens ne le suivent guère. A 200 mètres, une balle l'étend raide mort ; son cheval qui a été touché, s'enfuit ventre à terre. Alors c'est une débandade complète et nos chassepots ne peuvent plus atteindre les fuyards. Au moment où le chef de la bande a été tué, ceux qui s'étaient reformés derrière nous arrivaient sur nos talons avec les deux éléphants. Ils ont cru plus prudent de prendre la fuite, après ce qui venait d'arriver à leur chef.

» Le chef qui a été tué portait des habits de soie magnifiques ; c'est le seul qui soit resté sur le carreau. C'était un ancien pirate à qui les Annamites avaient promis des grades et de l'argent pour combattre M. Garnier.

» Nos miliciens qui étaient restés sur la route, avec la pièce de canon, sont venus nous rejoindre. Comme les bandits s'étaient arrêtés à 2,000 mètres environ pour nous regarder, voyant que nous ne les poursuivions pas, nous leur avons adressé quelques obus qui les ont mis immédiatement en fuite. »

LES PAVILLONS NOIRS. — GUET-APENS. — MORT DE GARNIER ET D'UN COMPAGNON D'ARMES.

Enfin, le 18 décembre, Garnier rentrait à Ha-noï.

Le premier soin du commandant de l'expédition, en apprenant les derniers événements, fut de préparer l'attaque immédiate de Sontay, quartier général du prince Houang, qui y avait réuni à l'armée annamite, des bandes de Pavillons noirs, soudoyés par lui.

Il dressa le plan de l'opération avec Dupuis, dont les hommes et les navires devaient prendre une large part à l'action.

Mais le 20 décembre, arrivait à Ha-noï une ambassade envoyée par la cour d'Hué, qui annonça son intention de traiter de la paix et d'approuver tout ce qui avait été fait par Garnier, pour l'ouverture du Tong-kin au commerce et à la navigation.

Aussitôt ce dernier, espérant un dénouement pacifique, annonça dans une proclamation la suspension des hostilités.

Le lendemain au matin, le commandant français était en conférence avec les ambassadeurs, lorsqu'on vint lui apprendre que les ennemis, au mépris de l'armistice, attaquaient la citadelle.

Plusieurs bandes de Pavillons noirs s'étaient avancés auprès des murs et avaient fait des démonstrations hostiles, afin d'attirer les Français au dehors.

A quelques kilomètres de là, étaient postés deux à trois mille Annamites.

Les Pavillons, après cette provocation, s'étaient éloignés.

Garnier, indigné de l'audace de ces bandits, prend avec lui quelques hommes et s'élance à leur poursuite ; ceux-ci se cachent dans des touffes de bambou.

Emporté par son ardeur, il se jette sur eux, mais il tombe dans un fossé ; les bandits l'enveloppent, le percent de coups de lance, lui arrachent le cœur et lui coupent la tête.

Telle avait été l'impétuosité de l'officier français, que ses compagnons n'avaient pu le suivre ; quand ils arrivèrent sur le théâtre de l'action, les Pavillons noirs avaient tous disparu ; ils ne retrouvèrent plus qu'un cadavre mutilé et palpitant.

« C'est ainsi que succomba, victime de son impétueux courage, le chef de cette expédition si habilement conduite. Il n'avait certainement été guidé par aucun motif d'intérêt personnel. Ce qu'il a accompli, ce qu'il a souffert, c'est par pur patriotisme et pour l'honneur de la France. Son souvenir vivra, non seulement dans le cœur de ses amis et compagnons d'armes, mais aussi dans celui de ces populations honnêtes qui ont su apprécier le noble dévouement dont il était animé à leur égard. » (*Missions catholiques.*)

Ne laissons pas passer les lignes ci-dessus, sans rendre hommage aux sentiments élevés qui les ont inspirées ; elles vengent la mémoire de ce malheureux officier calomnié depuis, ainsi qu'on le verra plus loin, par ceux-là mêmes qui avaient mission de défendre sa cause et son honneur.

Pendant que Garnier tombait sous les coups des Pavillons noirs, M. Balny, à la tête d'une escouade, se portait sur le flanc des Chinois pour les prendre à revers. Ceux-ci, parvenus à trois kilomètres environ de la citadelle, se retranchent derrière une levée de terrain. L'officier, ne voyant plus personne, divise ses hommes pour faire une battue dans les touffes de bambou. Peu après on le prévient que son fourrier a disparu. Il s'élance en avant, espérant l'arracher des mains des bandits, et arrive jusqu'à leurs retranchements. Il y est tué à bout portant.

De son côté, Dupuis avait à peine appris l'attaque des ennemis, qu'il courait sur eux avec ses meilleurs tireurs. Il les poursuivit jusqu'à une distance de six kilomètres sans pouvoir les atteindre : les bandits avaient fui en emportant leurs sanglants trophées.

Cette fatale journée avait coûté la vie à deux officiers et trois hommes. La petite troupe et nos partisans étaient dans la consternation.

Mais le courage indomptable de Dupuis ne fut pas ébranlé par ce coup terrible. M. Bain prit le commandement et proposa d'abandonner la citadelle pour se réfugier sur les navires, malgré les conseils de M. Puginier et de Dupuis. Celui-ci avait déclaré qu'en cas d'évacuation par la troupe, il l'occuperait avec ses hommes.

Cette attitude énergique rendit courage à l'officier hésitant et troublé par la mort de son chef; il fut décidé en conseil que la forteresse serait défendue jusqu'à la dernière extrémité, et aussitôt les hommes de Dupuis partagèrent, avec les soldats français, le soin de la garder.

Le lendemain, M. Dupuis se rendit auprès du cadavre de Garnier, qui avait été rapporté à la citadelle. Mais laissons le raconter cette dernière et touchante visite.

« Il est au milieu des deux marins. Rien d'horrible comme ces cadavres sans tête. Ils sont là, étendus sur la paille, tels qu'ils ont été apportés hier soir. M. Garnier a le bras droit écarté, celui de gauche ramené le long du corps ; le pied droit est chaussé d'une bottine, l'autre n'a qu'une chaussette blanche. Ses vêtements sont en lambeaux, le corps est couvert de blessures faites par les sabres et les lances. La poitrine est ouverte, le cœur arraché... et la peau du bas-ventre enlevée !... Les deux mains sont crispées... Je lui serre pour la dernière fois et bien fortement sa pauvre main droite glacée, en lui jurant qu'ils sera vengé. »

ARRIVÉE D'UN RENFORT. — FIN DES NÉGOCIATIONS

Le 25 décembre, les Français reçurent un renfort impatiemment attendu.

La canonnière *le Scorpion*, sous les ordres de M. Esmez, entrait dans le port d'Ha-noï, amenant des vivres, des munitions et une compagnie d'infanterie de marine, commandée par un lieutenant, M. Moty.

L'arrivée de ce renfort ramena la confiance dans la population.

M. Bain remit à M. Esmez la direction des affaires civiles.

Aussitôt ce dernier, aidé de M. Moty, reprit les négociations avec les ambassadeurs annamites, interrompues par la mort de Garnier. Après plusieurs entrevues, l'accord se fit sur ces bases-ci :

Ouverture du Fleuve Rouge à la navigation, liberté du commerce, protectorat de la France sur le Tong-kin, amnistie pleine et entière pour les indigènes qui avaient embrassé notre cause.

Le traité préparé, les envoyés français et les ambassadeurs annamites se réunirent une dernière fois pour l'approuver.

Ces derniers allaient y apposer leurs signatures, lorsqu'un courrier entra et leur remit une dépêche : Elle leur annonçait que leurs pouvoirs étaient révoqués.

A peu près en même temps, M. Esmez recevait l'ordre de suspendre toute négociation.

C'était dans les derniers jours de décembre 1873.

SITUATION DU PAYS CONQUIS A LA FIN DE 1873. — ADMINISTRATION DES FRANÇAIS. — LE TONG-KIN EST A NOUS.

Pendant que tous ces événements s'accomplissaient, qu'étaient devenues les garnisons installées dans le Delta ?

Un jeune officier, à peine âgé de vingt ans, avait pacifié une province d'un million d'habitants.

C'était M. Hautefeuille, le commandant de la province de Ninh-binh.

En moins de deux mois, il avait organisé l'administration et la police, formé des milices, réprimé toutes les tentatives de soulèvement des rebelles et des lettrés qui, depuis la mort de Garnier, avaient repris les armes, battu et dispersé les insurgés dans toutes les rencontres, enlevé et détruit leurs derniers retranchements.

Nous ne pouvons résister au désir de transcrire ici quelques passages d'un rapport adressé par M. Hautefeuille à M. Garnier sur son expédition.

» Dans la journée (c'était le 5 décembre, après la prise de Ninh-Binh), je pus réunir une cinquantaine d'anciens soldats (païens) qui étaient du pays. Ils vinrent d'eux-mêmes s'offrir, et ce fut le noyau de mon armée qui, de cinquante, est montée à près de cinq mille hommes.

» Le 6 décembre, je fis faire une proclamation ; elle fut affichée partout. Accompagné de deux mandarins et de quelques Annamites, je visitai la ville, suivi de quatre parasols. Une seule chose étonnait les Annamites, c'est que je ne quittais ni mon sabre, ni mon revolver : les mandarins font toujours porter leurs armes ; il est vrai qu'ils ne s'exposent pas à s'en servir.

» Le 9 décembre, ayant déjà assez de volontaires

pour la ville, j'ai organisé les troupes que je devais envoyer dans les sous-préfectures et aux défilés. J'ai fait une promenade en ville, suivi de mon seul Annamite de Saïgon. Tout reprend : le commerce, les habitudes; je suis heureux de ce résultat. On accourait en foule pour me voir passer; les femmes n'étaient pas les moins curieuses : Je distribuais des sapèques aux enfants (1).

» Le 12 décembre, j'ai nommé deux Quan-phu et quatre Quan-huyen (trois sont chrétiens). Ils sont partis à la tête des troupes que j'avais organisées pour eux et on été reçus partout avec acclamations; le drapeau français flotte maintenant jusqu'au Laos. De No-quan-phu, j'ai reçu une adresse en remerciement de ce que j'avais nommé un mandarin Mûong, pour gouverner ses compatriotes. Je me suis ainsi attaché ce pays jusque-là si malheureux, sous les fonctionnaires de la plaine. J'ai envoyé une deuxième troupe au défilé de Thanh-hoa. De ce jour les troubles ont cessé.

» Pendant deux jours, j'ai visité le pays à cheval escorté d'un seul Annamite, consacrant à ces promenades deux à trois heures. J'entrais dans les métairies, dans les pagodes et partout j'étais bien reçu.

(1) La sapèque est une monnaie divisionnaire en cuivre, percée d'un trou. Sept cents sapèques environ, réunies par un lien, forment une ligature qui vaut un franc.

Une autre monnaie en usage au Tong-kin est le *taël;* elle est en argent, de forme cubique, et vaut à peu près huit francs.

J'emportais toujours sous ma selle quelques paquets de ligatures et, quand je passais dans une commune, je remettais au Ly-truong quelques ligatures avec une lettre ou d'avance j'avais fait écrire en chinois : Pour les plus pauvres ; puis il y avait toujours quelques sapèques pour les enfants. Les populations paraissaient très satisfaites de cette nouvelle manière de les gouverner.

» Des bandes de pillards ont osé entrer au Phungha et à Haï-lang drapeau français en tête. J'ai envoyé deux cent cinquante miliciens et un fonctionnaire au Phu. A dater de ce jour, tous les pavillons, pour être légitimés, doivent porter ma signature et mon cachet. »

A Haï-dzuong, M. de Trentinian se chargea avec ses 15 hommes d'infanterie de marine, de la tranquillité de toute la province. Maître de la citadelle, il fit élever un ouvrage imprenable, s'y installa et pourvut aussitôt à l'organisation administrative. Les notables furent chargés par lui de désigner eux-mêmes les fonctionnaires et de recruter les milices, il leur fournit l'argent nécessaire, mais il garda leurs fils comme gage de leur fidélité. Il fut puissamment secondé par les maires, qui jouissent au Tong-kin d'une grande autorité, et qu'il eut l'habileté de maintenir à la tête de l'administration.

Quant au docteur Harmand qui avait été chargé par Garnier de pacifier et d'organiser une province de 2 millions d'habitants, agitée par les lettrés, très nombreux dans la contrée, il avait pour toute armée, ses 25 soldats. Mais il imposa une discipline très sévère et trouva des auxiliaires précieux dans un gouverneur, un général tong-kinois, et un prêtre indigène nommé Paulus Trinhs qui lui servit d'interprète (1).

Les lettrés s'étaient soulevés et menaçaient sa sécurité.

Il organisa militairement de nombreux indigènes, qui tous les jours venaient lui demander des armes.

Le 21 décembre, il se mit à la tête de 11 Français et 300 Tong-kinois et, après une marche forcée faite à travers des routes, des chaussées et des villages armés et barricadés, il parvint dans la résidence d'un chef de bande et le surprit. Les lettrés firent une résistance sérieuse; mais leur chef et son fils furent tués à bout portant, et les rebelles prirent la fuite. Une autre bande arriva au secours de la première; la petite troupe tirant dans leur groupe compact, en coucha par terre une cinquantaine. La déroute commença aussitôt.

En retournant à Nam-dinh, le docteur fut acclamé par les villageois qui venaient lui offrir des dons et des remerciements.

(1) On raconte en ce moment à Saïgon que ce prêtre, aimant autant les Français qu'il déteste les mandarins de Tu-duc, aurait offert 300,000 francs au gouverneur de la Cochinchine, pour soulever les Tong-kinois et aider à renverser le roi.

Mais ses munitions étaient épuisées et, comme il ne pouvait plus reprendre l'offensive, les lettrés attribuèrent cette inaction à la peur. Ils avaient repris courage, leurs bandes approchaient renforcées de nombreuses recrues; elles occupaient 8 villages et menaçaient de le déborder et de couper ses communications.

Enfin *l'Espingole* lui apporta des vivres et des munitions.

La nuit suivante, M. Harmand partit avec 15 Français, le général tong-kinois et une centaine d'indigènes, et brûla successivement les 8 villages, à l'exception de la pagode. Le lendemain, l'ennemi furieux de cette défaite, livrait son principal chef.

Trois jours après, le dernier centre de résistance était enlevé par un détachement, de sorte que cette importante province de Nam-dinh était pacifiée et tout était rentré dans l'ordre.

« J'ai appris, dit M. Dupuis dans son Journal de voyages, que M. Harmand avait écrit plusieurs fois à Ha-noï, qu'il se faisait fort de soulever toute sa province (deux millions d'âmes) pour rétablir la dynastie des Lê. Cette combinaison était excellente, très politique et parfaitement exécutable. A Nam-dinh, le peuple avait espéré et avait cru que les Français venaient pour restaurer leurs anciens souverains. Tu-duc n'aurait pas osé faire la moindre guerre. Le roi que nous aurions nommé, qui nous aurait dû sa couronne, n'aurait-il pas été notre plus humble vassal ?

Avec de petites garnisons et de très faibles dépenses, nous étions les maîtres absolus du Tong-kin. Nous n'avions qu'à copier l'organisation des grands protectorats anglais aux Indes, et l'empire d'Annam aurait disparu de lui-même. »

En résumé, les ennemis et les fauteurs de désordre étaient réduits à l'impuissance, et les indigènes que la mort de Garnier avait atterrés, renaissaient à l'espoir d'une délivrance prochaine.

Tout le Tong-kin était tombé en notre pouvoir, sauf la province de Sontay et le département de Namsach, qui n'avaient pas encore fait leur soumission.

Il ne restait plus qu'un coup à frapper, et le drapeau français flottait sur tout ce magnifique pays.

Quelle étonnante histoire que celle de cette poignée d'hommes qui, en moins de deux mois, surent conquérir, pacifier et organiser un peuple de douze millions de sujets ! Ils nous ont montré là ce que peuvent des soldats français qui ne sont pas commandés par un Bazaine ou un Trochu.

Mais que devons-nous admirer le plus, leur bravoure et leur énergie, ou bien leur tact et leur génie d'organisation qui leur permit d'établir une administration dont le fonctionnement fut au-dessus de tout éloge ?

Et que dirons-nous de ce simple citoyen qui, à la tête de 150 hommes, pénétra dans un pays inconnu, fermé aux étrangers depuis plusieurs siècles, et, avec quelques renforts, s'y installa d'une façon inexpugnable, et n'eut plus qu'un souci, aussitôt devenu le maître de ce pays : en faire don à sa patrie ?

Derrière le commerçant il n'y avait pas seulement un ardent patriote, il y avait encore un soldat intrépide et un tacticien habile.

Il ne lui a manqué qu'une chose pour faire un héros : L'estampille du gouvernement.

CHAPITRE IV

UNE NOUVELLE MISSION AU TONG-KIN. — M. PHILASTRE. — PREMIÈRE FAUTE. — UN SOMBRE DRAME.

Tout à coup un bruit étrange, inouï, se répandit dans le Tong-kin : le successeur de Garnier renonçait aux conquêtes glorieuses faites par les Français, ordonnait l'évacuation des citadelles et rendait le pouvoir aux Annamites.

Mais l'évacuation, c'était le recul; le recul, c'était la défaite; la défaite, c'était la honte pour les Français, la trahison, les représailles et la mort pour leurs alliés.

Aussi, cette nouvelle invraisemblable, monstrueuse, ne rencontrait-elle partout que l'incrédulité ou l'indignation.

Et pourtant, hélas! elle n'était que trop vraie.

La mort de Garnier avait été annoncée, le 24 décembre, à M. Testard du Cosquer, commandant de l'aviso *le Décrès*, qui était alors mouillé dans la rade de Cuacam, à l'une des embouchures du Thaï-bing.

Cet officier, prenant alors le commandement supérieur des forces françaises réunies dans ces parages, nomma son second, M. Balézeaux, chef de l'expédition du Tong-kin, en remplacement de Garnier, et confia la direction des affaires politiques à un autre officier, M. Philastre, qui se trouvait accidentellement à son bord.

Ce dernier, attaché au service de la justice indigène à Saïgon, avait reçu de l'amiral Dupré, l'ordre de conduire à Hué un ambassadeur annamite qui devait demander au roi les pouvoirs nécessaires pour signer un traité de paix, désiré depuis longtemps par l'amiral.

Le roi Tu-duc avait fort mal reçu M. Philastre et lui avait reproché de lui faire la guerre au Tong-kin, pendant qu'à Saïgon on négociait un traité.

A la demande du roi et sur les instances de l'ambassadeur, qui connaissait les dispositions bienveillantes de l'officier pour les Annamites et voulait en profiter, M. Philastre, sans en avoir la mission ni le droit, quitta Hué sur le *d'Estrées* qu'il avait réquisitionné, et se dirigea sur le Tong-kin avec l'ambassadeur, afin de s'interposer auprès de Garnier et de lui faire cesser les hostilités.

C'est en faisant route pour Ha-noï, que Philastre se rencontra avec le commandant Testard, lequel lui apprit la mort de Garnier et le désigna pour lui succéder aux affaires politiques.

Aussitôt, — c'était le 27 décembre, — l'aviso le *d'Estrées*, commandant Didot, emmenait pour l'intérieur, MM. Balézeaux et Philastre, ainsi que l'ambassadeur annamite.

Le même jour, les envoyés français commettaient leur première faute, en massacrant des négociants chinois qui se livraient au commerce, près du golfe, avec autorisation de Garnier.

« Voici, dit M. Dupuis, comment cette affaire s'est produite, suivant les officiers qui me l'ont racontée.

» Le 27 décembre 1873, vers deux ou trois heures du soir, le *d'Estrées* portant M. Philastre et l'ambassadeur annamite, vint mouiller à la Cat-ba, près du *Décrés*, commandant Testard.

» Après une entrevue entre M. Philastre et le commandant Testard, le *d'Estrées* remontant le Cam, vint jeter l'ancre un peu au-dessus d'Hai-phong.

» Non loin de là étaient mouillées quantité de jonques chinoises qui, à la nouvelle que le pays venait d'être ouvert par Garnier au commerce, étaient accourues chargées de riz et diverses marchandises; il y avait à bord environ deux cent cinquante hommes, matelots ou commerçants, tous préoccupés de leur service. Le restant des équipages était à terre.

» — Qu'est-ce que tous ces gens? demanda le commandant, par l'intermédiaire de M. Philastre?

» A cette question, l'ambassadeur annamite, saisissant vivement l'occasion qui se présentait de nous brouiller avec la population, répondit que *ces gens étaient des pirates.*

» Convaincu qu'il avait affaire à des pirates, le commandant donna ordre aux embarcations du bord d'aller s'emparer des barques et de lui amener ceux qui les montaient.

» L'exécution suivit promptement l'ordre, on s'empara de ces malheureux; trente-sept d'entre eux furent conduits à bord des embarcations, et les autres, deux cents environ, furent entassés pêle-mêle sur la plus grande jonque, et furent placés sous la surveillance et la conduite des embarcations qui devaient amener la jonque contre le *d'Estrées.*

» Il faisait déjà nuit quand cette opération fut terminée. Arrivée non loin du *d'Estrées,* la jonque dut, sur un signe qu'on lui fit, s'apprêter à virer de bord pour venir s'amarrer à l'arrière. Pendant qu'elle accomplissait cette évolution, les embarcations qui l'escortaient rallièrent le *d'Estrées.*

» Cette retraite des officiers commandant les embarcations avait certainement pour but de favoriser la fuite de la jonque. Il répugnait à leur conscience de traiter en pirates, de paisibles gens qui opposaient si peu de résistance à la violence qui leur était faite, et qui commettaient l'invraisemblable imprudence de venir ainsi exercer leurs prétendues rapines sous le canon des navires de guerre.

» La jonque manqua le *d'Estrées* dans son mouvement, elle tirait une bordée probablement pour revenir ensuite; mais, soit que le courant l'entraînât, soit qu'elle voulût effectivement s'échapper, on la vit s'éloigner sensiblement à travers l'obscurité.

» Le commandant entra aussitôt dans une violente colère contre les officiers qui avaient abandonné la jonque, et pour ne pas laisser échapper ceux qu'il prenait pour des pirates, il prit un moyen tout simple : il ordonna de charger les canons et de couler la jonque. Celle-ci s'éloignait toujours, et la nuit, devenue plus épaisse, lui donnait l'aspect d'une vague de forme noire flottant sur les eaux. Le feu des batteries fut dirigé sur cette masse sombre, et bientôt, au bruit répété des détonations, répondirent d'épouvantables clameurs venues du fond des ténèbres. La fumée des canons acheva de voiler aux yeux cette lugubre scène et la jonque disparut dans l'obscurité. Que devint-elle ? Nul ne le sait. Fut-elle coulée ? Parvint-elle à fuir? L'une et l'autre version compte des partisans parmi les officiers.

» Quant aux trente-sept malheureux amenés à bord des embarcations, ils furent pendus le lendemain. Un seul échappa et ne dut son salut, qu'à la faveur d'un acquit de droit de port qu'il avait rapporté de Saïgon.

» Les jonques, au nombre de vingt-sept, furent prises et brûlées. Elles contenaient du riz, de l'opium, et de la soie achetée au Tong-kin. »

Cette stupide et odieuse équipée attira sur le nom français les malédictions des Chinois de toute la région.

PHILASTRE REND LE TONG-KIN. — ÉVACUATION DES CITADELLES. — SOULÈVEMENT DES LETTRÉS. — MASSACRE DES CHRÉTIENS ET DE NOS PARTISANS.

A peine arrivé dans le Delta, M. Philastre, malgré les représentations des officiers, des missionnaires, de nos alliés indigènes, donna l'ordre d'évacuer immédiatement les citadelles des trois provinces occupées par nos troupes : Haï-dzuong, Ninh-binh et Nam-dinh.

A ce moment, M. Hautefeuille venait de battre, avec le secours des Muongs, les lettrés réunis aux Annamites de Sontay, et de les chasser de Hung-Hoa, la plus riche et la plus importante ville de la province. La mêlée avait été chaude ; le sang des ennemis avait coulé jusqu'à la rivière. Cette victoire assurait la pacification de la province.

MM. de Trentinian et Harmand étaient les maîtres de leurs provinces respectives. Les soldats de ce dernier étaient exténués de fatigue ; ils n'avaient plus de souliers, mais ils étaient victorieux.

Quelques jours après, les ordres de M. Philastre étaient exécutés.

Pendant que les Pavillons noirs promenaient dans tout le Tong-kin les têtes de Garnier et de ses compagnons, pendant que le roi Tu-duc, pour récompenser le chef de ces bandits, lui conférait le titre de grand mandarin, les commandants français, maîtrisant à grand'peine leur indignation, avaient rendu à leurs ennemis, leurs postes conquis si glorieusement au prix de leur sang et de celui de leurs compagnons, et avaient rallié, à Ha-noï, leurs vaillantes petites troupes.

Alors se réalisèrent les sinistres prédictions faites à M. Philastre.

Les lettrés, affamés de vengeance et excités secrètement par les mandarins et le roi lui-même, se levèrent en masse, et recommencèrent, contre nos partisans et contre les chrétiens, leur œuvre de destruction et de carnage.

« Dix jours durant, dit M. Romanet du Caillaud, le flot destructeur se répandit au loin, portant en tout lieu la terreur et la mort : les femmes, les enfants eux-mêmes n'étaient point épargnés. Traqués comme des bêtes fauves, les chrétiens cherchaient en vain un refuge dans la fuite ; le carnage et l'incendie les poursuivaient de village en village. Les lettrés ne devaient s'arrêter qu'après avoir détruit les plus belles chrétientés, massacré un grand nombre de fidèles et dispersé les autres, sans abri, sans ressources dans les montagnes.

» C'est principalement sur les chrétientés évangélisées par les missionnaires français, qu'ils s'étaient jetés avec le plus d'acharnement. A vrai dire, les missions espagnoles de la province n'avaient pas non plus été épargnées ; vingt de leurs églises avaient été brûlées, et les villages y attenant, détruits et mis à sac. Les missionnaires eux-mêmes avaient vu leurs propres résidences menacées. »

Quant à nos partisans, à ceux qui avaient accepté des fonctions des mains de Garnier, ou même qui étaient seulement suspects de sympathie pour notre cause, ils furent recherchés et égorgés, leurs biens pillés, leurs maisons incendiées.

Et M. Philastre laissa se consommer sous ses yeux ces monstruosités, n'ayant pas même un mot de pitié pour ces malheureuses victimes : « Qu'avaient-ils à prendre le parti de Garnier contre leurs mandarins ? » se contenta-t-il de répondre aux plaintes et aux prières qui lui furent adressées.

Il est vrai, d'un autre côté, qu'ayant appris, ainsi que son ami l'ambassadeur annamite, la conduite des missionnaires espagnols qui avaient employé tous leurs efforts à entraver l'action des Français et empêcher tout mouvement de la population en leur faveur, ils manifestèrent leur vif contentement. « Ils témoignèrent, a écrit M. Colomer, évêque de la mission, une excessive satisfaction et nous assurèrent de toute leur reconnaissance. Dès ce moment, nous fûmes l'objet de leurs plus dilicates attentions. »

Voici, d'après M. l'abbé Durand, professeur de sciences géographiques, le bilan de ces fatales journées : vingt mille indigènes massacrés, trois cents villages brûlés, soixante-dix mille individus chassés de leurs foyers et dépouillés de leurs biens.

Le 18 janvier 1874, le corps expéditionnaire, concentré à Ha-noï, reçut de Saïgon un renfort composé de deux cent cinquante soldats de l'infanterie de marine, commandés par un chef de bataillon, M. Dujardin.

Aussitôt, une expédition fut organisée contre les lettrés qui, peu reconnaissants envers M. Philastre de ses procédés si bienveillants pour eux, et enhardis par l'impunité, ne menaçaient plus seulement la sécurité de nos partisans et des chrétiens, mais encore celle des détachements français.

Elle les battit, les dispersa et allait les anéantir lorsque, à la prière de l'ambassadeur annamite, elle fut rappelée par M. Philastre, dans la crainte, sans doute, que cette campagne trop brillante ne rendît aux Français leur ancien prestige.

UN COMPROMIS HONTEUX. — L'ŒUVRE DE PHILASTRE EST CONSOMMÉE. — DEVANT L'HISTOIRE.

Le 6 février, M. Philastre et l'ambassadeur annamite firent un traité réglant les conditions de l'évacuation de la citadelle d'Ha-noï, dernier point occupé par les Français.

Il fut stipulé que, jusqu'à la conclusion d'un traité définitif, nos troupes se retireraient à Haï-phong, et y conduiraient également les navires de M. Dupuis ; qu'en cas de refus de sa part, elles le chasseraient du Tong-kin ; que ce dernier ne pourrait remonter au Yunnan qu'avec la permission des autorités, qu'un résident français pourrait s'installer à Ha-noï, avec 40 hommes, etc.

Voilà la convention qui remplaça le traité si honorable que M. Esmez devait conclure avec les ambassadeurs annamites, lorsqu'il en fut empêché par un ordre émanant de M. Philastre.

Deux jours après, pendant que M. Dupuis était allé à Saïgon, plaider devant le gouverneur sa cause, celle de nos partisans lâchement abandonnés, et celle de la civilisation, son expédition, personnel, navires, marchandises, tout était évacué sur Haï-phong.

Enfin, le 11 février, les Français quittaient la citadelle et défilaient tristement, accablés par la honte, sous les regards moqueurs des Annamites qui avaient retrouvé leur ancienne insolence.

Quelques jours après, M. Philastre, fier de ses succès, partait avec son ami l'ambassadeur, pour Saïgon où l'amiral Dupré lui fit un excellent accueil, et cet accueil était bien mérité, car il venait de le tirer d'un mauvais pas.

C'est qu'en effet l'amiral avait décidé l'occupation du Tongt-kin, malgré les instructions formelles du gouvernement de la métropole, qui était opposé à toute intervention, même pacifique. (On a prétendu depuis que le cabinet de Broglie avait eu la faiblesse de céder aux réclamations intéressées d'un ambassadeur que lui avait envoyé le gouvernement anglais.) S'il avait passé outre, c'est qu'il avait comme objectif, non seulement l'ouverture d'une riche contrée à notre commerce et à notre influence, mais encore l'obtention d'un traité avec l'Annam, qu'il désirait ardemment depuis longtemps, comme le couronnement de sa carrière. Il espérait que les rapides succès de Garnier, en terrorisant les Annamites, les amèneraient à signer ce traité, et en même temps qu'il envoyait des renforts au corps expéditionnaire, il continuait, à Saïgon, ses négociations avec les ambassadeurs. Mais après la mort de Garnier, désespérant d'enlever ce traité, et effrayé de la responsabilité qu'il avait encourue, il se rejeta sur Philastre, dans la pensée que ses bons rapports avec les Annamites amèneraient un dénouement prompt et pacifique.

Malgré l'absence d'un plan bien arrêté, malgré les embarras et les dangers que lui créait cette fausse situation, l'amiral aurait pu assurer le succès de l'expédition, s'il avait adopté une politique plus noble, plus digne de la France, en s'appuyant, non sur les oppresseurs, mais sur les opprimés, non sur les mandarins, mais sur les Tong-kinois.

Mais Philastre qui, disaient ses camarades, était plus Annamite que les Annamites eux-mêmes, se livra entre les mains de ces derniers, et devint le docile instrument de leur politique d'oppression et de tyrannie.

Tous ses efforts tendirent à l'anéantissement de l'œuvre d'émancipation accomplie par Dupuis et Garnier.

Autant ces derniers avaient mis de courage, d'énergie et de patriotisme à l'entreprendre, autant il mit d'acharnement, de rage, à la détruire.

Quelles terribles responsabilités a endossées cet homme !

Au lieu de venger le sang de Garnier, son frère d'armes, assassiné par des bandits, il insulte à sa mémoire ! Il le flétrit du nom de forban et ose déclarer que, s'il avait vécu, il serait passé en conseil de guerre !

Au lieu d'encourager et de protéger un de ses compatriotes, Dupuis, qui venait d'ouvrir tout un monde au commerce, et à l'influence française, il le traite d'aventurier et de pirate, confisque ses biens, le chasse comme un malfaiteur, et tente de le déshonorer !

Au lieu de rester dans les postes conquis, pour protéger nos alliés et nos partisans, il les abandonne sans défense, à la rage de leurs ennemis !

En prenant volontairement parti pour les Annamites contre les Tong-kinois, pour les oppresseurs contre les opprimés, il se fit le champion de la barbarie contre la civilisation.

A quelles suggestions a donc obéi cet homme ?

Est-ce à la jalousie ? La gloire de Dupuis et de Garnier lui portait-elle ombrage ?

Est-ce à la cupidité ? Aurait-il vendu ses services à nos ennemis ?

Est-ce à l'ambition ? Rêvait-il pour lui seul la gloire de doter son pays d'un traité avantageux, devant lui attirer les plus hautes faveurs ?

Nous n'osons nous arrêter ni à l'une ni à l'autre de ces hypothèses. Nous aimons mieux attribuer cette conduite à une fatigue de son cerveau surmené par des études arides, fatigue qui aurait oblitéré son sens moral, et lui ôterait ainsi une partie de sa responsabilité.

Quoi qu'il en soit, il est un fait avéré : c'est que ses recherches sur la langue et le droit annamites, le mirent en rapport avec les lettrés et les hauts personnages de l'Annam, dont il adopta les préjugés, les tendances et les mœurs ;

C'est qu'il s'est laissé dominer par l'ambassadeur de Tu-duc, qui avait pris sur lui un ascendant considérable; c'est qu'il a oublié qu'il était le représentant du gouvernement français, pour se faire l'humble serviteur d'un étranger;

C'est qu'il a trahi nos alliés, ruiné Dupuis et sacrifié l'honneur de son pays.

L'histoire sera sévère pour cet homme qui transforma la politique de recueillement imposée à la France par la malheureuse guerre de 1870, en une politique d'abandon, de recul et de trahison.

Elle sera sévère aussi pour l'amiral Dupré qui, après avoir encouragé et aidé l'expédition de Dupuis, la sacrifia ensuite à ses intérêts et à son ambition; après avoir donné « carte blanche » à Garnier, le désavoua: et qui, pour couronner son œuvre, ratifia les actes odieux commis par Philastre, dans un moment d'aberration.

Et elle sera sévère enfin pour l'administration de la marine qui sanctionna cette politique, en faisant conférer à Philastre, par le gouvernement de Mac-Mahon, la décoration de la Légion d'honneur, *pour services rendus au Tong-kin*.

Il est vrai que le gouvernement d'alors ne pouvait guère, faute de temps, étudier nos intérêts dans l'Extrême Orient: Il avait bien d'autres Dupuis à fouetter en France! N'avait-il pas entrepris contre la République sa fameuse campagne ordre-moralienne?

TRAITÉ DE PAIX. — SOULÈVEMENT DE NOS ALLIÉS. — LES PARTISANS DES LÊ. — LES FRANÇAIS, GENDARMES DE L'ANNAM.

Le 15 mars 1874, à Saïgon, fut enfin signé entre l'amiral Dupré et le représentant du roi Tu-duc, un traité de paix qui était en élaboration depuis longtemps.

C'était la veille du jour où l'amiral devait revenir en France, et, pour vaincre les lenteurs et la dernière résistance des Annamites, et pour obtenir ce traité qu'il avait un vif désir d'emporter, il avait fait toutes les concessions demandées par les ambassadeurs.

« Il voulait absolument, coûte que coûte, dit *l'Écho du Japon*, emporter son traité à Paris. Et déjà il était rappelé en France ! Le temps passait. Le grade de vice-amiral était en jeu. Il eut son traité... au prix de la dignité de notre drapeau et du prestige de notre puissance. » (*Annales de l'Extrême Orient*, avril 1882.)

Dans ce traité, la France s'engageait à livrer à l'Annam cinq navires de guerre à vapeur, cent canons, mille fusils et des munitions, et à fournir les forces nécessaires pour assurer la paix et la tranquillité du pays.

De plus elle faisait remise de tout ce qui lui restait dû sur l'ancienne indemnité de guerre.

De son côté, l'Annam ratifiait la conquête de la Cochinchine faite par nos armes, reconnaissait sa souveraineté et son entière indépendance vis-à-vis de toute puissance étrangère, et s'obligeait à conformer sa politique extérieure à celle de la France et à ne rien changer à ses relations diplomatiques. Cet engagement politique ne s'étendait pas aux traités de commerce, mais dans aucun cas le roi d'Annan ne pouvait faire avec une nation, quelle qu'elle fût, de traité de commerce en désacord avec celui qu'il aurait conclu avec la France, et sans en avoir préalablement informé le gouvernement français.

L'Annam accordait amnistie pleine et entière aux indigènes qui avaient donné leurs services à la France, la liberté de la religion catholique, l'égalité de tous ses sujets, chrétiens ou non.

Il ouvrait au commerce du monde entier les ports de Thi-naï (au sud de Hué), de Haï-phong et de Hanoï, et le passage par le Fleuve Rouge, depuis la mer jusqu'au Yunnan, avec droit pour la France d'avoir dans ces trois ports, un consul avec un détachement de 100 hommes.

Le 31 août de la même année, les deux gouvernements signèrent un traité de commerce.

A première vue, le traité de paix paraît favorable à nos intérêts, mais la simple réflexion démontre l'inanité de presque toutes ses clauses, puisqu'il ne fait que consacrer un ordre de faits accomplis, acceptés même par l'Annam, au moment où M. Philastre est intervenu.

Toutefois, ce traité de paix conclu avec un gouvernement loyal, nous eût assuré de réels avantages politiques : il reconnaissait notamment notre protectorat sur le Tong-kin, l'indépendance de l'Annam vis-à-vis de la Chine, etc.

Mais, avec un roi dissimulé, fourbe comme Tu-duc, et du reste comme la plupart des Orientaux, nous devions fatalement être dupes de notre bonne foi. Hélas ! les événements ne l'ont que trop prouvé !

Malgré le traité de paix, les mandarins avaient, à la suite de l'évacuation des citadelles, ainsi qu'on l'a vu plus haut, organisé ou encouragé de véritables persécutions contre les chrétiens et contre nos alliés.

Ces derniers se composaient principalement de partisans de la dynastie des Lê, qui avaient conservé l'espoir de restaurer sur le trône cette ancienne famille indigène.

Ces partisans s'étaient toujours montrés favorables à l'intervention française. En 1857, leurs chefs réclamaient notre appui contre leurs tyrans; depuis et à plusieurs reprises, ils avaient imploré le secours de nos armes et de notre diplomatie, pour les aider à secouer le joug; en dernier lieu, ils avaient offert à Dupuis, puis à Garnier, ensuite à Hautefeuille, de combattre à l'ombre du drapeau français. Et toujours leurs demandes avaient été rejetées.

Eh bien! la politique des Dupré et des Philastre amena leurs successeurs à tourner leurs armes contre ces alliés si dévoués et si fidèles.

Impatients de mettre un terme aux persécutions des mandarins, les partisans de la dynastie des Lê levèrent contre eux l'étendard de la révolte et, trop faibles pour lutter contre les armées de Hué, s'allièrent à une bande de rebelles chinois, les plus terribles ennemis de leurs oppresseurs, qui depuis longtemps s'étaient installés dans la baie de Cat-ba.

Pour tous les services qu'ils avaient rendus aux Français, ils ne demandaient à ces derniers qu'une seule faveur : la neutralité.

En ce moment, la direction des affaires politiques était entre les mains de M. Rheinart, successeur de M. Philastre, homme froid et énergique. Irrité de la mauvaise foi des mandarins qui n'exécutaient aucune des clauses du traité et avaient levé, au mépris des conventions, une armée de 12,000 hommes sous les murs de sa résidence, M. Rheinart ne fit rien pour arrêter le mouvement insurrectionnel.

En un mois, les insurgés s'étaient emparés d'une grande partie des provinces de Haï-dzuong et de Bac-ninh.

Ils allaient prendre l'importante forteresse d'Haï-dzuong, bloquée par une trentaine de jonques de guerre et une armée de 10,000 hommes, et se rendre ainsi maîtres de toute la contrée, lorsque intervint le commandant Dujardin, chargé par intérim des affaires politiques, par suite de la retraite de M. Rheinart, qui venait de se retirer à Saïgon, furieux de ne pouvoir réprimer les actes d'hostilité des mandarins.

Le commandant français, en vertu d'une clause du traité qui nous obligeait à donner à Tu-duc l'appui nécessaire pour maintenir l'ordre dans ses états, leur fit sommation de se disperser.

Les insurgés répondirent que, dévoués à la cause de la France, ils ne voulaient pas se battre contre elle, et ils promirent de se retirer dans les montagnes, à la condition que l'on n'inquiéterait pas les villageois qui avaient manifesté leur sympathie en leur faveur.

En effet, ils abandonnèrent leurs positions, et naturellement les mandarins s'empressèrent d'accabler leurs amis de tribulations.

Le 7 septembre 1874, quelques jonques montées par des partisans des Lê remontaient tranquillement le Cua-cam; M. Dujardin leur fit la chasse, s'empara de 80 hommes, femmes ou enfants, et les livra, les poignets liés, aux autorités annamites. On devine le sort qui les attendait.

Quinze jours après, il organisait une expédition, réquisitionnait les navires de M. Dupuis, séquestrés à Haï-phong, malgré les vives protestations de leurs capitaines, et, ayant rencontré la flottille des Lê, au fond d'une crique, il chassa ses défenseurs à coups de canon : cinq jonques furent prises, vingt autres brûlées et plusieurs villages réduits en cendres.

Voyant que les Français avaient pris parti pour les mandarins, les partisans se réfugièrent dans les montagnes de Cat-ba, et offrirent de faire leur soumission entre les mains du commandant; celui-ci la refusa.

Les autorités de la province voulant leur porter un dernier coup, demandèrent le concours de M. Dujardin, qui les fit appuyer par deux canonnières.

A la vue de nos couleurs, les rebelles pensant que les Français venaient recevoir leur soumission, s'apprêtaient à les recevoir en amis. Mais le feu fut ouvert aussitôt. Cruellement détrompés, ces malheureux s'enfuirent dans les montagnes, furieux contre les Français, qu'ils accusaient de les avoir trahis.

Une partie d'entre eux sont morts de privations et de misère; les autres se sont dispersés et sont rentrés dans leurs foyers.

Aujourd'hui encore, ils espèrent en des jours meilleurs, et n'attendent qu'une occasion pour faire contre leurs tyrans un nouvel appel aux armes. Sans notre déplorable intervention, ils seraient sortis vainqueurs de la lutte : aussi nous en ont-ils gardé un profond ressentiment. Et il faut avouer qu'ils ont raison : Ils nous ont apporté spontanément leurs sympathies et leur concours et, pour les récompenser, nous leur avons donné la ruine et la mort.

Voilà le résultat de cette politique étroite, misérable, qui épousa la cause des oppresseurs contre les opprimés, des exploiteurs contre les exploités, et nous aliéna les esprits du plus populaire, du plus puissant parti du Tong-kin, qui acceptait avec joie notre domination !

C'était bien là le digne couronnement de l'œuvre de Philastre, qui avait commencé par le massacre de trente-sept commerçants chinois, coupables uniquement d'avoir eu confiance dans la parole et dans l'honneur de Garnier, le représentant de la France.

Mais était-ce bien là un rôle digne de cette nation généreuse qui n'a jamais abandonné, même dans les moments les plus difficiles, la cause du faible et du juste, et qui, la première entre toutes les nations du monde, a proclamé l'abolition de l'esclavage ?

CHAPITRE V

RUINE DE DUPUIS. — PERSÉCUTIONS. — UN MARTYR DU PATRIOTISME.

Et pendant que se consommaient ces lamentables événements, que devenait Dupuis ?

Aussitôt qu'il eut connaissance des honteux desseins de Philastre, son patriotisme se révolta. Il tenta de le faire revenir sur sa détermination : ce fut en vain. L'officier osa même l'outrager, le traitant de pirate allié aux bandits et aux voleurs de la contrée.

Indigné de cette conduite, il courut à Saïgon, le 20 janvier 1874, pour supplier l'amiral Dupré d'arrêter l'évacuation, au nom de l'honneur de la France, au nom du salut de nos alliés, au nom de tous les intérêts engagés, dont il était le seul gardien.

Ce dernier, qui s'était mis dans une fausse situation et ne comptait que sur Philastre pour l'en tirer, resta sourd aux instances et aux supplications de Dupuis ; il déclara qu'il approuvait sans réserve tous les ordres donnés par son représentant, ajoutant que les Annamites renonçaient à leur politique tortueuse et se jetaient dans nos bras. (L'amiral avait besoin de croire et de faire croire à leur bonne foi, sans laquelle son traité n'aurait plus eu la moindre valeur.)

Malgré ses prières, Dupuis ne put rien obtenir du gouverneur. Celui-ci commençait déjà à le mettre à l'écart, dans le but, sans doute de conserver pour lui seul tout le mérite de l'expédition. N'áyant plus besoin de Dupuis, dont les réclamations ne pouvaient que retarder la conclusion de son traité, il le traitait en gêneur; il le rejetait, en même temps qu'il reniait et désavouait Garnier.

Toutefois, pour calmer ses plaintes, il lui fit, au moment de son départ pour la France, la promesse de le faire indemniser des pertes éprouvées par lui, et de le récompenser des services qu'il venait de rendre à son pays et à la civilisation.

Et pendant ce temps, l'expédition de Dupuis était séquestrée à Haï-phong, par ordre de Philastre.

Pour l'entretien de son personnel, qui était forcé à l'inaction, il épuisa ses dernières ressources et dut ensuite faire des emprunts. Puis, l'administration coloniale, qui avait tout intérêt à conserver sur pied un corps organisé pouvant, en cas de besoin, apporter aux troupes un précieux renfort, subvint à tous les frais.

Après le départ de M. Dupré, Dupuis adressa ses plaintes et ses réclamations à l'amiral Krantz, gouverneur intérimaire de Saïgon, qui lui opposa des fins de non-recevoir, puis à son successeur, l'amiral Victor Duperré. Celui-ci lui déclara, dès la première entrevue, qu'il ne tiendrait aucun compte de ce qui avait pu être dit ou promis, mais seulement des pièces officielles.

Il lui défendit de quitter Saïgon pour retourner au Tong-kin, lui annonçant qu'il avait donné des ordres pour l'empêcher d'y débarquer, parce que sa présence dans cette contrée serait le signal d'un soulèvement général des indigènes contre le gouvernement de l'Annam.

En même temps, il transmit ses réclamations au ministère de la marine, et en réponse, il reçut de M. l'amiral de Montaignac, alors ministre, la dépêche suivante : « Faites tout votre possible pour endormir et faire traîner l'affaire Dupuis, elle s'éteindra d'elle-même avec le temps. »

Les vœux du ministre ne furent pas exaucés. Dupuis, accablé par la fatigue, les émotions et le chagrin, tomba gravement malade à Saïgon, mais sa robuste constitution triompha de la maladie.

Admirons, mais ne qualifions pas, cette mémorable dépêche d'un ministre du gouvernement français, en réponse à la supplique de cette infortunée victime, qui réclamait protection et justice !

Ce n'est que le 15 septembre 1875 que fut fixée, après bien des lenteurs, l'ouverture du Tong-king au commerce.

Dupuis était donc libre maintenant de reprendre ses opérations. Aussi se hâta-t-il de partir pour Haï-phong, par la voie de Hong-kong, *l'administration lui ayant refusé un passage sur les navires de l'État.*

Le 20 octobre 1875, il abordait à Haï-phong, après une absence de 21 mois employés en démarches, et tentatives inutiles pour obtenir la réparation qui était due à sa fortune et à son honneur.

Là, il trouva ses hommes dépouillés de leurs armes, et ses navires démunis de leurs canons. Le consul, un certain M. Turc, coupa immédiatement les vivres à ses hommes, sans le prévenir ni lui donner le temps de se pourvoir ailleurs, et refusa de lui rendre ses bateaux et ses armes qui lui auraient permis de remonter au Yunnan, et de reprendre ses opérations commerciales, avec des fonds de ses amis d'Hanoï (1).

(1) Extrait du rapport déposé par M. Bouchet, à la Chambre des députés, le 14 juin 1879 :

« Lorsqu'il réclamait, en vertu du traité, ses bateaux, ses canons et ses équipages armés, au consul d'Haï-phong, celui-ci lui répondait :

« Vous me demandez les moyens à employer pour donner à vos hommes les garanties qu'ils vous réclament : il n'en est qu'un, monsieur, c'est de faire immédiatement entre mes mains, le dépôt de vos livres, de vos navires et de votre personne, afin que je puisse saisir les tribunaux compétents de la liquidation de votre position. Dans ce cas, je mettrai des gardiens sur vos navires, et aviserai à prendre tout moyen que de droit, pour réserver les privilèges des hommes embarqués et de tous autres créanciers. »

» C'est ce même consul qui, faisant à quelque temps de là,

Dépouillé de tous ses biens, outragé et repoussé par le consul, abandonné par son personnel que ce dernier avait excité contre lui, notre infortuné concitoyen, à bout de forces, se fit porter à bord d'un navire en partance pour Saïgon. Là, dans une lettre adressée à l'amiral Duperré, il protesta contre les procédés du consul et, oublieux de ses propres malheurs, le supplia de rapatrier ses soldats et ses marins du Yunnan, abandonnés, sans moyens d'existence, entre la mer et un ennemi implacable.

L'amiral lui fit retourner sa lettre le même jour, en l'accompagnant d'une réponse accablante.

Et, pendant que des mains criminelles brisaient et pillaient ses caisses à Ha-noï, ses navires étaient saisis et vendus l'un après l'autre à Haï-phong, et son

un rapport sur le mouvement commercial des ports du Tong-kin ouverts par le traité, constate, avec angoisse, que les bateaux français sont en très infime minorité.

» Oh ! assurément, on ne doit point y voir les navires de M. Dupuis, pas plus que ceux des négociants français soucieux de n'avoir pas à « déposer leurs personnes » entre les mains paternelles de M. Turc.

» Notre administration est admirable comme génie de colonisation :

» Un Français ouvre une route des plus importantes;

» On le traque, on le ruine, on le brise, on lui offre la prison pour refuge, puis on se lamente de voir, à sa place, le commerce étranger prospérer, s'étendre, envahir. »

— Ah çà ! quand donc aurons-nous, à l'instar des autres grandes puissances, un ministère des colonies, indépendant du ministère de la marine et dirigé par des hommes compétents ?

Ce jour-là, notre avenir colonial sera sauvé.

équipage, laissé sans ressources, sans appui, sans protection.

Ses Chinois, serviteurs courageux, dévoués, fidèles, eurent une fin lamentable, en récompense des inappréciables services qu'ils avaient rendus à F. Garnier.

Quelques-uns furent massacrés par les Annamites, d'autres moururent de faim et de privations dans les montagnes où ils s'étaient réfugiés ; un petit nombre put regagner ses foyers éloignés d'un millier de kilomètres, après des fatigues inouïes. Ceux qui avaient été installés, comme on se souvient, au camp de Seautun, pour assurer la liberté des communications sur le Fleuve Rouge, n'eurent pas un meilleur sort. Aussitôt après l'évacuation des citadelles, ils furent attaqués par des bandes de Pavillons noirs et d'Annamites. Repoussés dans les montagnes et les forêts, poursuivis, traqués, à demi morts de faim et de fatigue, ils furent recueillis par des tribus indépendantes.

Quant au chef de l'expédition, ruiné, persécuté, malade, il s'était échoué, comme on l'a vu plus haut, dans la capitale de la Cochinchine.

Quelle horrible situation que celle de cet homme, hier encore à la tête d'une glorieuse expédition, puissant, honoré, adulé par tout un peuple, dont il eut pû se faire proclamer roi, s'il l'eût voulu, aujourd'hui sans ressources, repoussé comme un paria, attaqué jusque dans son honneur, condamné à laisser dans l'oisiveté et l'abandon un personnel considérable

(400 hommes !) mangeant ses navires et creusant tous les jours l'abîme du déficit !

Il avait envoyé pour ses équipages, jusqu'à sa dernière piastre ; il était donc condamné maintenant à mourir de chagrin et de misère dans ce pays lointain, sans pouvoir courir en France faire entendre son cri de douleur.

Heureusement, un ami au cœur généreux vint secrètement le trouver (il ne faisait pas bon alors témoigner de la sympathie à ce forban), et lui remit la somme nécessaire à son voyage. Aussitôt, quoiqu'à peine remis d'une cruelle maladie qui avait failli l'enlever, Dupuis, fuyant cette contrée inhospitalière, s'embarqua, pour venir faire appel à la justice de son pays.

Le transport avait à peine quitté les eaux de Saïgon, que le gouverneur intérimaire, M. le général Bossant, recevait du ministère de la marine, deux télégrammes envoyés par l'amiral Duperré, alors de retour à Paris, et ainsi conçus :

Le 1er : *Par tous les moyens légaux, rien que par les moyens légaux, empêchez Dupuis de partir.*

Le 2e : *Par tous les moyens, empêchez le retour de Dupuis en France.*

Mais par quels moyens donc voulait-on empêcher Dupuis de venir en France se mettre sous la protecde la justice ! par la persuasion, l'emprisonnement ou la suppression ?

On avait donc bien peur de la lumière, au ministère de la marine !

Naturellement, ces deux télégrammes ont été niés, mais, malheureusement, ils ne sont que trop authentiques.

Aujourd'hui, les dépêches laissent des traces, même celles envoyées par un amiral. Il n'en était pas de même au bon vieux temps, sous le règne de Louis XIV, dont les ministres, au moyen de lettres de cachet délivrées souvent en blanc, jetèrent dans les cachots et firent périr sans enquête, sans jugement, des milliers d'innocents (1).

(1) Une des plus célèbres victimes de ce procédé odieux fut Lally-Tollendal, ancien gouverneur de l'Inde. Après avoir battu les Anglais dans maintes rencontres, il fut bloqué à Pondichéry par des forces supérieures, et forcé de se rendre après un siège d'une année, pendant lequel sa petite garnison, affaiblie par les combats et la misère, ne reçut pas le moindre secours de la mère patrie.

Transféré à Londres, malade et prisonnier, il apprend qu'une cabale montée contre lui l'accuse de trahison. Il obtient sa liberté sur parole et accourt à Versailles pour se justifier. Ses ennemis obtiennent une lettre de cachet, et il est enfermé à la Bastille pendant 19 mois sans être entendu. On lui fit son procès, en violant toutes les formes de la justice, et après deux ans de procédure clandestine, pendant lesquels on lui refusa même un conseil, il fut condamné à la peine capitale.

« Il monta d'un pas ferme sur l'échafaud, montra aux assistants le bâillon qui l'empêchait de parler, leva les yeux au ciel comme pour attester son innocence, et se livra sans pâlir au bourreau. »

C'est le 9 mai 1776, sous le règne du roi Bien-Aimé que fut consommé cet assassinat juridique.

Heureusement pour Dupuis que les lettres de cachet étaient abolies, quand il faisait au Tong-kin d'héroïques efforts pour doter son pays d'une magnifique colonie !

Des lettres de cachet à la fin du dix-neuvième siècle, en pleine république, quel anachronisme ! Décidément, monsieur l'amiral, vous êtes né deux siècles trop tard.

Ainsi, Dupuis venait d'ouvrir à ses concitoyens une riche contrée et de leur en préparer la prochaine occupation, et ceux-ci, en retour, lui donnaient :

La ruine, la calomnie, la misère et la persécution.

Ce n'est pas par de tels procédés que les Anglais encouragent les voyageurs, les pionniers du commerce qui vont au loin étendre leurs relations et leur influence, et ainsi contribuer à leur merveilleuse prospérité. Ces explorateurs, soutenus par leurs concitoyens, protégés par leur gouvernement, ne rencontrent partout que la sympathie, l'appui et la considération dus aux hommes courageux et utiles à leur pays.

Qui donc pourrait se défendre d'une profonde tristesse, en même temps que d'une vive sympathie pour notre concitoyen, en pensant que l'unique cause de tous ses malheurs a été son ardent patriotisme, et que, s'il avait accepté les offres du maréchal chinois, qui voulait lui donner dix mille hommes pour occuper le Fleuve Rouge, il serait aujourd'hui comblé d'honneurs et de richesses, et mis au premier rang parmi les bienfaiteurs des peuples ?

UN PIRATE DEVANT LA CHAMBRE DES DÉPUTÉS

Au commencement de l'année 1876, Dupuis arrivait à Paris.

Il venait demander justice.

Le 23 juin, il adressa à la Chambre des députés une pétition pour exposer ses griefs contre l'administration de la marine, demander une enquête rigoureuse, et la réparation du préjudice qui lui avait été causé.

Trois années s'écoulèrent ensuite, pendant lesquelles aucune épreuve ne fut épargnée à notre malheureux concitoyen : suppliques étouffées, démarches stériles, refus d'audiences, humiliations, calomnies. On lui fit boire jusqu'à la lie le calice d'amertume. Mais n'insistons pas, nous n'aurions pas le courage de le suivre dans les nombreuses stations de son douloureux Calvaire.

Enfin, le 14 juin 1879 (la Chambre avait été renouvelée dans l'intervalle), M. Bouchet, député des Bouches-du-Rhône, ayant dressé un rapport sur la pétition de M. Dupuis, au nom de la deuxième Commission des pétitions, la Chambre, émue de la gravité de la question, ordonna l'impression de ce document, sur la proposition de M. Antonin Proust.

Ce n'est que le 24 février 1881, que l'ordre du jour appela la discussion de ce rapport. Mais, dans l'intervalle, le Ministre de la marine, pour éviter un débat public, avait déclaré en accepter les conclusions. Aussi, M. Bouchet se contenta-t-il de prononcer ces paroles :

« Messieurs, sur cette question qui aurait comporté de longs développements, je n'aurai que très peu de mots à prononcer : je demande simplement à la Chambre de vouloir bien accueillir les conclusions de la Commission, tendant au renvoi de la pétition au ministère de la marine, conclusions acceptées par M. le Ministre de la marine et par le gouvernement.

» Les conclusions sont celles de toutes les Commissions de pétitions qui, après avoir examiné les faits, concluent, quand elles les trouvent dignes d'une attention particulière, au renvoi de la pétition au ministre compétent. »

Et la Chambre, sans discussion, adopta ces conclusions.

Le rapport de M. Bouchet constate que Dupuis était, au Tong-kin, le mandataire officiel des autorités chinoises du Yunnan, qu'il n'avait pas outrepassé les droits que lui conféraient des pouvoirs très réguliers ; que les Annamites avaient eu tort de l'empêcher de remplir son mandat ; qu'enfin, les Français n'avaient pas qualité pour s'ingérer dans cette affaire, et qu'ils avaient commis un abus d'autorité.

Il reconnaît encore : Que Dupuis donna son concours absolu au corps expéditionnaire de Garnier, avec un patriotisme et un désintéressement sans bornes; que ce dernier, dans diverses circonstances, mit à contribution ses navires, ses hommes et ses armes, qui lui rendirent des services signalés ;

Qu'après la prise d'Ha-noï, Dupuis vendit à Garnier ses navires de guerre, sur sa demande;

Et que le prix a été arrêté d'un commun accord, mais n'a jamais été payé.

Donc, ce rapport conclut à l'admission de la demande de M. Dupuis, en raison des graves préjudices qui lui ont été causés, tant par la marine française, que par les autorités annamites, préjudices devant être réparés par les deux gouvernements.

Dans ce document, M. Bouchet met à nu les agissements de l'administration de la marine envers M. Dupuis, et flagelle durement le directeur des colonies, qui, pour les besoins de sa cause, ne craignit pas de déverser les injures et les calomnies sur notre infortuné concitoyen.

Et il signale et regrette la disparition d'un rapport très favorable à M. Dupuis, adressé le 4 décembre 1873, par Garnier, au gouverneur de Saïgon.

Abstenons-nous prudemment de toute réflexion, au sujet de l'absence d'une pièce capitale, qui eût jeté sur toute l'affaire une lumière éclatante.

Il nous est pénible de constater que le cas de M. Dupuis n'est pas isolé. Un autre explorateur célèbre, M. Paul Soleillet, a été également victime d'agissements déplorables.

Cet homme qui, pendant seize années, avait exploré le Soudan et le Sahara, qui avait parcouru un millier de kilomètres qu'aucun pied européen n'avait jamais foulés, qui avait reçu plusieurs missions officielles, notamment du ministre de l'instruction et de celui des travaux publics, qui, pour les accomplir, n'avait reculé devant aucun danger, aucune privation, et qui avait épuisé toute sa fortune personnelle au service de son pays, cet homme fut persécuté et injurié par ceux-là mêmes qui lui devaient assistance et protection. Pendant qu'il se trouvait à Médine, au fond du Sénégal, à deux cent trente lieues de Saint-Louis (c'était le 13 décembre 1880), il fut tout à coup, sur un ordre émanant de l'autorité française, dépouillé de ses effets, de ses armes et de ses médicaments, et laissé sans ressources, sans défense, au milieu de peuplades hostiles.

Aussi, n'hésita-t-il pas à dénoncer à la justice ces abus de pouvoir, et à demander réparation du préjudice qui lui avait été causé.

A la suite d'une éloquente plaidoirie de M. Gaillard, avocat à la cour d'appel, actuellement député de Vaucluse, le tribunal de la Seine a, dans un jugement rendu le 31 décembre 1881, accueilli la demande de M. Soleillet, malgré l'opposition du préfet de la

Seine qui avait déposé un déclinatoire d'incompétence.

Mais alors ce fonctionnaire prit un arrêté de conflit qui, naturellement, fut admis par le tribunal des conflits, ce tribunal bizarre dont les magistrats sont à la fois juges et parties.

Donc, l'affaire paraît avoir reçu la solution que l'on pouvait prévoir dans cette lutte entamée par un simple citoyen contre la plus puissante de nos administrations : un enterrement de première classe.

En vérité, c'est un spectacle navrant de voir l'étrange usage que font trop souvent certains fonctionnaires, de l'autorité qui leur a été confiée, pour le bien général et la justice.

COMMENCEMENT DE LA RÉHABILITATION.

Le rapport de M. Bouchet fut renvoyé par la Chambre au ministère de la marine.

Là, l'attendait le sort réservé si souvent aux causes les plus justes : un sommeil léthargique, sinon un oubli mortel.

Il y reposait depuis trois ans, lorsque dans la séance de la Chambre du 10 décembre 1882, M. Bouchet demanda au ministre de la marine et des colonies, quelle suite il entendait donner aux conclusions du susdit rapport, et aux réclamations de M. Dupuis. Et l'orateur ajouta :

...« Jusqu'à présent, les conclusions du rapport qui tendaient à le relever de la ruine à laquelle il s'était patriotiquement exposé, pour doter la France d'une merveillense colonie, n'ont pas reçu d'exécution. Le rapport que j'ai présenté à la Chambre qui vous a précédés, avait été renvoyé à M. le ministre de la marine. Je lui serai reconnaissant de vouloir bien indiquer à la Chambre quelle est la suite qu'il compte donner aux justes réclamations de ce courageux et dévoué patriote. »

Voici la réponse textuelle du ministre, M. l'amiral Jauréguiberry :

« Messieurs, j'ai l'intention de déposer sur le bureau de la Chambre, très incessamment, un projet de loi ayant pour but d'affirmer et d'organiser notre protectorat dans le Tong-kin.

» Si nous atteignons le but que nous poursuivons, il nous sera loisible de disposer des nombreuses richesses minières qui existent dans ce pays, en faveur des personnes qui nous offriront des garanties. Par conséquent, lorsque le moment sera venu, si M. Dupuis, dont je ne méconnais ni le mérite, ni le courage, ni les services rendus, veut faire une demande de concession de mines, il peut être certain, si sa demande est entourée de toutes les conditions légales voulues, et de la garantie que cette concession ne passera pas en des mains étrangères, que nous nous empresserons d'user de nos droits et de notre influence pour la lui faire accorder.

» J'ajouterai que M. Dupuis m'a été signalé comme pouvant rendre des services sérieux dans le Tong-kin, pays qu'il connaît très bien et où il a conservé un grand nombre d'amis. Lorsque nous arriverons au moment de l'exécution de nos projets, exécution qui ne sera pas sans difficultés, nous serons très heureux de profiter des lumières et de l'expérience de cet explorateur. »

Comment, monsieur le ministre ! voilà un homme qui vous a ouvert les portes d'une contrée magnifique, qui vous a livré des richesses convoitées par des nations rivales, — votre administration l'a ruiné, persécuté, calomnié, — et, pour l'indemniser, pour le réhabiliter, pour le relever, vous ne trouvez pas d'autre moyen que d'appuyer la demande en concession de mines qu'il a le droit de faire, tout comme le premier venu qui remplit les conditions légales !

Et c'est là toute la réparation, toute la récompense que vous lui devez ?

Et, s'il ne vous est pas possible de disposer des mines du Tong-kin, vous ne lui devrez plus rien?

Et, en attendant le jour encore éloigné où vous aurez rempli votre promesse, et où Dupuis aura pu tirer parti de ces fameuses mines, ce dernier aura donc le droit de mourir de faim et de misère ?

Il ne s'est donc pas trouvé dans la Chambre un

seul homme pour protester, au nom de la justice, contre cette promesse dérisoire !

Les principales chambres de commerce, la presse, l'Institut, ont payé à cet illustre citoyen, le tribut d'hommages et de reconnaissance, qu'il a si bien mérité.

Serez-vous le seul à ne pas payer votre dette ?

Le 14 mars 1881, l'Académie des sciences, sur le rapport de l'amiral Mouchez, décernait à Dupuis le prix Delalande-Guerineau de 1880, destiné « au voyageur français ou au savant qui a rendu le plus de services à la France ou à la science ».

Le rapport dressé par l'amiral Mouchez, au nom de la commission qui était composée de MM. de Lesseps, d'Abbadie, Milne-Edwards et Cosson, commence ainsi :

« Un homme d'un caractère énergique, plein de courage, de hardiesse et de persévérance, vient de renouveler dans l'Extrême Orient, une de ces entreprises rappelant, comme celle de Doudart de la Grée, dans le Mékong, ces épisodes légendaires qui, au seizième siècle, caractérisèrent les conquêtes dans le Nouveau-Monde et firent momentanément la grandeur de l'Espagne et du Portugal. Il nous donne un nouvel exemple de cette puissance féconde de l'initiative privée, qualité trop rare, trop peu encouragée en France, mais aussi commune qu'appréciée chez d'autres grandes nations, dont elle a le plus servi la prospérité. C'est à cette vigueur d'initiative, à cette confiance en soi, à cette hardiesse d'entreprise qui les pousse sans cesse à porter au loin, hors de leurs frontières, l'exubérance de leurs forces et de leur activité, que les Anglais et les Américains doivent surtout l'énorme développement de leurs relations sur toute la surface du globe, et leur prospérité sans égale. Si la France comptait beaucoup d'hommes comme Dupuis et savait les encourager, au lieu de les abandonner, elle ne tarderait pas à relever son commerce de la déplorable infériorité où il se trouve encore aujourd'hui dans l'Extrême Orient : pendant que le total de nos échanges n'y est annuellement que de cent soixante-cinq mille tonneaux, les Américains arrivent au chiffre de deux millions huit cent mille tonneaux, et les Anglais, à cinq millions de tonneaux. C'est le droit et le devoir des nations les plus civilisées, mais c'est aussi leur honneur, et la cause la plus juste de leur prospérité, d'introduire chez les peuples arriérés, leur influence, leur commerce et les bienfaits de la civilisation. Malgré l'état si remarquablement prospère où se trouve aujourd'hui la France, *on prendra certainement pour une marque de faiblesse ou d'impuissance, sa non-intervention au Tong-kin, et ce sera peut-être pour l'avenir une faute irréparable, de ne pas suivre aujourd'hui la voie si facile, si fructueuse, ouverte par Dupuis dans cette belle et populeuse contrée, voisine de nos possessions asiatiques.* »

Plus loin, l'honorable rapporteur ajoute : « Dupuis, après avoir perdu tout le fruit de sa longue, honorable et laborieuse carrière, sollicite aujourd'hui une réparation des pertes que lui ont fait subir les mesures si déplorables dont il a été victime... »

Quant à la Société de géographie de Paris, qui paraît ignorer les merveilleuses découvertes de Dupuis, peut-être pourrait-elle puiser des renseignements instructifs auprès de sa sœur, la Société de géographie de Berlin, dont l'ancien président, M. le baron de Richthofen, a dit « que le Fleuve Rouge est la voie la plus avantageuse pour pénétrer dans le sud-ouest de la Chine, et que M. Dupuis, en découvrant cette voie, a résolu un problème cherché depuis longtemps ».

Il y a bientôt dix ans que Dupuis attend du gouvernement français, la réparation qui lui est due. L'heure de la justice ne peut plus tarder à sonner.

En 1874, un Philastre le traitait de pirate;

En 1877, un directeur des colonies, M. Benoist d'Azy, rééditait ces injures;

En 1882, un ministre de la marine veut bien reconnaître, du haut de la tribune, que ce pirate est un explorateur de mérite, qui a rendu des services à son pays;

En 1883, l'opinion publique, plus équitable et mieux éclairée, le proclamera l'un des plus grands bienfaiteurs de l'humanité et dira qu'il a bien mérité de la patrie.

Elle se rappellera qu'il y a cent trente ans un grand citoyen aussi, qui se nommait Dupleix (1), avait équipé des navires, fortifié des villes avec ses seules ressources, vaincu les Anglais dans plusieurs combats et conquis un empire ; que cet homme fut lâchement sacrifié par son roi, appelé le Bien-Aimé, et qu'il mourut enfin de chagrin et de misère, sans avoir pu obtenir justice.

Et elle ne voudra pas que le Dupleix moderne subisse le sort de son prédécesseur.

(1) Voir *Dupleix*, par Henri Bionne, 2 vol. in-8° M. Dreyfous, éditeur.

CHAPITRE VI

TU-DUC, ROI DE L'ANNAM. — SA MANIÈRE D'EXÉCUTER UN TRAITÉ. — UN PEU DE POLITIQUE.

Le traité du 15 mars 1874, fut ratifié au mois d'août suivant, par l'Assemblée nationale.

Restait à obtenir la sanction de Tu-duc : ce n'était pas la partie la plus facile de la tâche.

Après plusieurs pourparlers suivis d'une énergique démonstration, — le seul argument auquel les Annamites soient sensibles, — une mission française présidée par M. le baron Brossard de Corbigny, capitaine de frégate, arrivait à Hué, capitale de l'Annam, au commencement d'avril 1875.

Cette ville située à 30 kilomètres environ de la mer, dans une île formée par une petite rivière et des canaux, se divise, comme la plupart des villes de l'Orient, en deux parties : la ville marchande et la ville officielle, ou citadelle.

La première ressemble plutôt à un village qu'à une capitale : deux ou trois rues bordées de paillottes et de maisons basses en pierre, et c'est tout.

La citadelle flanquée de plusieurs bastions ornés de vieux canons rouillés, est un vaste quadrilatère, d'une longueur de 3 kilomètres sur chaque face, et renferme les monuments publics, les casernes, les demeures de mandarins, etc. Elle se compose de trois enceintes concentriques, celle du centre est occupée par le roi et ses gens.

Dans l'Extrême Orient, l'étiquette a une importance capitale. Un ministre spécial, le ministre des rites, gardien des traditions, est chargé de faire respecter par le roi lui-même les usages consacrés.

Aussi, pour la réception de la mission française, le cérémonial fut-il réglé et exécuté avec un grand soin, cérémonial agrémenté de la présence de mandarins, de guerriers de toutes les couleurs, et d'éléphants parés de superbes ornements.

L'échange des ratifications eut lieu le 13 avril entre la mission et les mandarins.

Le lendemain, la mission obtenait une insigne faveur : celle d'être reçue par le roi en audience solennelle. C'était la seconde fois qu'il faisait cet honneur à des Européens. Le premier qu'il reçut, — c'était en 1863, — fut l'amiral Bonnard, et encore était-il caché derrière un rideau de nattes.

Cette fois-ci, Sa Majesté eut le courage d'affronter les regards des Français. Face blême, barbe clairsemée, habits jaunes : tel est le portrait qui en a été fait par l'un des membres de la mission.

La réception fut aussi courte que peu cordiale. Elle avait inspiré au roi de vives appréhensions et pour les calmer, les délégués français avaient poussé la condescendance jusqu'à faire désarmer les officiers et les hommes de l'escorte, avant de franchir l'enceinte.

Dans cette même audience, le chef de la mission remit au roi plusieurs présents offerts par le gouvernement, et les insignes du grand cordon de la Légion d'honneur, récompense qu'il avait si bien méritée, pour avoir fait assassiner Francis Garnier et plusieurs milliers de nos partisans.

Le *Tour du Monde* a publié (1er semestre 1878) un article de M. Brossard de Corbigny, qui contient de très intéressants détails sur cette réception et sur la cour de Hué :

Tu-duc est âgé de 55 à 56 ans ; il est monté sur le trône vers 1850.

Ses mœurs, son existence sont peu connues ; elles sont enveloppées d'un mystère que personne n'a pu encore percer.

Ce roi qui d'un mot fait pleuvoir les coups de rotin ou tomber les têtes, est le prisonnier de ses sujets ; ses mandarins le tiennent en charte privée et forment une garde jalouse qui l'empêche de communiquer avec l'extérieur.

Aussi ne connaît-il, dans les événements même les plus graves, que ce que ses geôliers veulent bien lui apprendre : c'est le plus souvent la nouvelle d'un fait accompli et irrémédiable.

C'est dans la troisième enceinte de la citadelle que se trouvent ses appartements et son harem composé d'une centaine de femmes. Personne, pas même les ministres, n'a jamais franchi cette enceinte. Les femmes sont chargées du service de l'intérieur ; elles reçoivent les correspondances, y répondent, remplissent enfin les fonctions d'officiers de la couronne.

Malgré ce nombre respectable de femmes, Tu-duc n'a pas d'enfant mâle. L'une de ses filles est veuve d'un grand mandarin qui a été tué, lors de la prise de la citadelle d'Ha-noï, par les hommes de Dupuis.

Lui seul a le droit de chasse et de pêche. Quand il se livre à son plaisir favori, la chasse en rivière, ce sont des femmes qui rament; pendant ce temps, les habitants sont éloignés à coups de bâtons, de crainte que leurs regards ne souillent la majesté du monarque.

On pense que ces mystères ont pour but de cacher la nullité intellectuelle de Tu-duc, et de conserver son prestige aux yeux de ses sujets.

Donc, le traité est ratifié et sanctionné. Le gouvernement français l'a ponctuellement exécuté ; il a chassé Dupuis du Tong-kin comme un malfaiteur, a renié l'œuvre de Garnier et livré au roi Tu-duc tout ce qu'il a promis : les navires, les canons, les fusils et leurs munitions.

Enfin il a installé un consul avec une garde de 100 hommes dans chacune des villes d'Ha-noï et d'Haï-phong, et a fait évacuer le restant de la troupe sur Saïgon.

C'est alors qu'apparut dans tout son éclat, la mauvaise foi de Tu-duc et de ses mandarins.

Ils entravèrent le fonctionnement de nos douanes, empêchèrent par des mesures vexatoires et illégales toute transaction commerciale ; ils prirent ouvertement à leur solde les Pavillons noirs, pour nous combattre et barrer le Fleuve Rouge. Leur chef fit annoncer publiquement qu'il ne laisserait jamais passer aucun Européen.

La contrebande fut favorisée sur les côtes, et la piraterie, au lieu d'être détruite, fut encouragée par les mandarins du district. Dans l'espace de deux ans, il fut vendu en Chine plusieurs centaines de femmes et d'enfants annamites capturés au Tong-kin. Une des jonques, bravant les autorités françaises, prit sa cargaison humaine à Haï-phong même : ce qui fit dire aux journaux anglais de Hong-Kong, que c'était une honte pour nous d'abriter sous notre pavillon de pareilles infamies.

Dans cette même ville, un Français, nommé Francelli, fut assassiné par les pirates. Il est vrai que notre consul, ce M. Turc que nous avons déjà vu à l'œuvre dans les affaires de Dupuis, fit obtenir à sa famille une indemnité de 1,000 francs (1).

En 1878, un général chinois, nommé Lê-yang-tsaï, se prétendant l'héritier de l'ancienne famille des Lê, envahit le Tong-kin à la tête d'une forte troupe de partisans; ses succès furent rapides; il s'empara de plusieurs provinces.

Que fit Tu-duc qui, d'après les termes du traité, devait nous demander des secours?

Il s'adressa à la Chine, qui envoya 10,000 hommes sur les lieux. Cette armée, réunie aux soldats du roi, rejeta les insurgés dans les montagnes. Mais ce n'est que le 19 octobre 1879, que le général insurgé tomba en leur pouvoir. Il avait occupé la contrée pendant un an sans se soucier de nous.

Et en même temps, les Pavillons noirs, enhardis par une longue impunité, commettaient leurs déprédations et leurs brigandages habituels, semant autour d'eux le désordre et l'inquiétude, jusque dans les parages occupés par les Français.

Sept années se passèrent ainsi, pendant lesquelles

(1) Mille francs pour la tête d'un Français, ce n'est vraiment pas trop cher.

Les têtes des Anglais sont cotées à un prix plus élevé.

Le 20 février 1875, un jeune interprète anglais, M. Margary, ayant été assassiné en Chine, les Anglais forcèrent les Chinois à arrêter et juger plusieurs montagnards et le général du district, et à faire payer à la famille de la victime, une indemnité de £ 20,000 (500,000 francs). Et, comme ils sont avant tout gens pratiques, ils profitèrent de l'occasion pour se faire accorder le droit de circuler sur le Fleuve Bleu, d'y ouvrir un port, d'établir deux consuls, etc.

les mandarins violèrent impunément toutes les clauses du traité ; sept années de marasme pour le commerce, de lassitude, de dégoût pour nos résidents, d'effacement pour le prestige du nom français, de calamités et de misères pour les Tong-kinois retombés sous un joug plus pesant.

Le calcul des Annamites était bien simple : Ils voulaient nous faire croire que le pays était pauvre, sans avenir commercial, en proie à des bandits redoutables, afin que, découragés par une telle situation, nous abandonnions cette contrée si déshéritée.

Pour déjouer ces calculs aussi naïfs que malhonnêtes, pour obliger ces fourbes à l'exécution de leurs engagements et au respect du pavillon français, que fit notre gouvernement ?

Rien.

Rien ne put lui faire secouer sa torpeur et prendre une résolution capable de protéger nos intérêts et défendre notre honneur :

Ni l'invasion du pays par les armées chinoises ;

Ni les protestations faites en 1878 par les négociants européens et chinois, contre les exactions des mandarins ;

Ni la pétition faite en avril 1880, par les habitants d'Haï-phong, même les Allemands, pour demander l'occupation effective du pays ;

Ni la pétition adressée au Parlement dans le mois de juillet suivant, par 267 Français de la Cochinchine.

Cette abstention est d'autant plus déplorable,

qu'avec de l'énergie, tout serait facilement rentré dans l'ordre : roi et mandarins. Avec de pareils gouvernements, qui ne sont sensibles qu'aux manifestations de la force brutale, il ne fallait pas hésiter, pas parlementer, il fallait faire comme Dupuis et Garnier, qui connaissaient merveilleusement le caractère et les mœurs annamites : agir vigoureusement et sans faiblesse. Il fallait enlever les mandarins envoyés par la cour d'Hué, les rendre à leur patrie, et les remplacer par des mandarins Tong-kinois. On eût évité ainsi tous les malheurs que nous avons eu ensuite à déplorer.

Assurément de grosses fautes ont été commises, ainsi que l'ont reconnu à la tribune MM. Challemel-Lacour et de Saint-Vallier : la lumière se fera bientôt et les responsabilités se dégageront.

Mais ne nous hâtons pas trop de faire le procès du gouvernement. Rappelons-nous que, pendant longtemps, l'horizon politique fut assombri par les affaires d'Égypte ; que la nation, repliée sur elle-même, paraissait vouloir abandonner ses intérêts coloniaux, et que les partis extrêmes, en fomentant des divisions et en excitant les passions politiques, privaient nos gouvernants de cette confiance, de cette autorité qui sont nécessaires pour la bonne direction des affaires du pays.

LES ORIGINES D'UNE EXPÉDITION. — LE COMMANDANT RIVIÈRE A HA-NOI. — ??

Mais si en France on paraissait avoir oublié le Tong-kin, il n'en était pas de même dans la Cochinchine.

Là, on connaissait les événements qui se passaient au Tong-kin; un vif intérêt les suivait dans toutes leurs phases; l'on connaissait aussi les richesses minières de la contrée, et cela ne pouvait manquer d'exciter d'ardentes convoitises.

Le gouverneur était alors M. Le Myre de Vilers, administrateur habile, actif, intelligent, énergique ; il avait introduit des réformes et entrepris des travaux importants, qui devaient contribuer à la prospérité de la colonie. Malheureusement ces réelles qualités étaient déparées par une ambition qu'il savait adroitement déguiser.

Dans le courant de l'année 1881, il arriva à Paris et sut bientôt, grâce à son incomparable habileté et grâce aussi à une fort jolie collection de décorations du Cambodge, s'insinuer dans les plus puissants cercles politiques et financiers, et contracter une alliance étroite avec certains personnages très influents. Ensuite il repartit à Saïgon, après avoir obtenu pour

M. Edmond Fuchs, ingénieur en chef des mines, une mission scientifique, l'exploration des gîtes métallifères et houillers du Tong-kin.

Dans les premiers jours de novembre, deux bâtiments de l'État, le *Drac* et le *Parseval* étaient mouillés dans le port de Saïgon; les machines chauffaient; les navires, montés par M. Fuchs accompagné de M. Saladin, ingénieur, et par un détachement de 500 hommes environ sous le commandement du capitaine de vaisseau Henri Rivière, étaient prêts à lever l'ancre.

Avant de donner le signal du départ, M. Le Myre de Vilers attendait une dépêche de Paris : dépêche approuvant l'intention qu'il avait manifestée, d'envoyer au Tong-kin des forces militaires suffisantes pour tenir en respect les Pavillons noirs qui, d'après l'affirmation du gouverneur au ministre, commençaient à menacer la sécurité de la garnison d'Ha-noï.

La dépêche arriva : elle interdisait formellement tout envoi de troupes au Tong-kin.

Force fut donc de débarquer le détachement. Cela n'empêcha pas la mission de partir peu après sur l'aviso l'*Antilope* mis à sa disposition par le gouverneur.

Cela se passait sous le ministère Gambetta. Le ministre de la marine avait refusé l'autorisation, parce qu'il voulait rester sur le terrain diplomatique tant que nos intérêts ne seraient pas en danger; il était résolu à ne s'engager dans une action militaire qu'après des études sérieuses et avec des forces suffisantes pour assurer le succès.

Après la retraite de ce cabinet, M. Le Myre de Vilers fit de nouvelles instances auprès de M. de Freycinet, président du conseil. Ce dernier céda.

C'est alors que le gouverneur envoya l'expédition qu'il avait préparée auparavant, sous le commandement d'Henri Rivière.

Le choix de ce chef fait honneur au tact et à l'habileté de M. Le Myre de Vilers.

En effet, M. Rivière était un de nos officiers de marine les plus populaires, patriote, humain, désintéressé.

Lettré délicat, poète aimable, il avait su acquérir dans la presse française et dans le monde des lettres, de nombreuses et vives sympathies qui ne pouvaient pas nuire à la politique du gouverneur.

Donc le commandant Rivière partit de Saïgon le 26 mars 1882, emmenant sur ses deux canonnières le *Drac* et le *Parseval*, sa petite troupe composée de 500 hommes environ, tant marins que soldats.

Quelques jours après, l'expédition débarquait à Ha-noï, à la grande joie de la garnison énervée par un long isolement, et des indigènes qui sentirent revivre en eux leurs anciennes espérances.

Depuis ce moment, il s'est passé au Tong-kin de graves événements suivis d'une affreuse catastrophe.

Les documents sûrs manquent encore : Au milieu

de ce déluge de nouvelles plus ou moins exactes, de correspondances douteuses, de racontars et de commentaires fantaisistes dont nous sommes inondés, il est bien difficile de discerner la vérité. Et puis tous ces événements sont trop récents pour qu'ils soit possible de porter sur eux une saine et juste appréciation. Nous croyons donc agir sagement en restant très sobre de détails.

L'arrivée de ce renfort exaspéra les mandarins annamites qui, suivant leurs anciennes habitudes, durent faire des démonstrations hostiles. Dans tous les cas, le commandant s'empara le 25 avril de la citadelle d'Ha-noï.

Les deux principaux mandarins se pendirent pour ne pas tomber entre les mains des Français; quarante hommes restèrent sur le carreau, un plus grand nombre fut blessé. Malheureusement c'étaient des miliciens indigènes que les mandarins avaient enrôlés de force.

Pendant l'action, ces derniers, sous prétexte d'arrêter la marche des Français, lancèrent sur la ville marchande des fusées incendiaires : environ 500 paillottes furent réduites en cendres; tout un faubourg fut détruit sur une longueur de 3 kilomètres.

Le commandant s'installa dans la citadelle, puis craignant pour la sécurité de M. Rheinart, notre résident à Hué, il envoya un navire le chercher en toute hâte.

A la vue de notre pavillon, accompagné il est vrai

de quelques canons, les mandarins de Hué, qui connaissaient déjà la prise de la citadelle, firent pavoiser la ville de drapeaux tricolores; ils accablèrent les envoyés de protestations d'amitié, les félicitèrent d'avoir mis à la raison les méchants mandarins d'Ha-noï, promettant de passer tous les traités qui seraient agréables à la France, etc.

En présence de ces bonnes dispositions, M. Rheinart resta à son poste.

En même temps, les gouverneurs des principales villes du Delta s'empressaient d'envoyer au commandant des gages de leur soumission.

Toujours le même système chez ces gens-là : Avancez, ils reculeront, reculez, ils avanceront. Leur fourberie n'a d'égale que leur lâcheté.

Peu après le chef de l'expédition évacua la citadelle, après l'avoir démantelée partiellement; ne laissant qu'une compagnie dans la pagode royale, il installa le reste de sa troupe dans la concession française.

Dans une lettre datée d'Ha-noï 11 juillet, contenant nant des détails sur ces événements, le commandant écrivait :

« C'est sans ordres et de ma propre initiative que tout s'est fait ici, la prise et le démantèlement de la citadelle, la saisie des douanes, etc. A mon sens, il le fallait, mais on peut n'être pas de cet avis à Paris, et en tous cas on n'est pas de cet avis à Saïgon. Le gouverneur a voulu réussir par la diplomatie lente à Hué ;

il m'a jeté par-dessus bord et désavoué en tout. Malgré cela, il n'arrive à rien. »

Et, dans une autre lettre datée du 21 septembre, il ajouta :

« La politique du gouverneur a absolument échoué. La cour de Hué ne veut même plus prendre connaissance des demandes qu'il lui adresse. Au lendemain de la prise d'Ha-noï, on pouvait tout obtenir avec un peu de résolution. Malheureusement on n'a su à quoi se décider. »

Le pauvre commandant ne comprenait rien à tout cela ; il ne s'était pas aperçu, dans son aveugle droiture, qu'il servait d'instrument à une politique d'ambition personnelle.

Il ne savait pas que le but du gouverneur, en l'envoyant au Tong-kin, était de faire pression sur l'esprit du roi, afin d'obtenir plus facilement les avantages qu'il sollicitait à Hué.

Et, en effet, pendant que le commandant luttait à Ha-noï, le gouverneur, qui connaissait le résultat des explorations de M. Fuchs, négociait à Hué un traité livrant à la France (?) les riches mines étudiées par cet ingénieur; et, pour se faire bien venir à la cour, il lui fallait renier Rivière qui, au Tong-kin, battait en brèche l'autorité royale.

Peut-être est-il permis de se demander pourquoi M. Le Myre de Vilers, qui avait représenté la situation comme très noire, qui savait que l'ouverture des hostilités l'avait aggravée, et qu'une rapide solution était devenue de plus en plus urgente, préféra porter tous ses efforts, tous ses soins, toutes ses aspirations vers un autre but : l'obtention de concessions minières.

N'est-il pas à craindre qu'en agissant ainsi, il n'ait sacrifié nos intérêts politiques, à d'autres intérêts n'ayant rien de commun avec le bien général ?

PRISE DE NAM-DINH. — ÉCHEC D'HA-NOI. — MORT DE RIVIÈRE. — DOULOUREUX RAPPROCHEMENT.

Mais laissons le gouverneur de la Cochinchine à ses négociations, et revenons au Tong-kin.

Avant l'envoi des forces commandées par M. Rivière, le pays, inquiété par les Pavillons noirs et les pirates, ne jouissait pas de la tranquillité que nous lui avions promise, mais la sécurité de nos nationaux n'était nullement menacée.

Après l'arrivée de l'expédition, la prise et l'évacuation de la citadelle, la situation changea : les mandarins, un moment atterrés, reprirent courage et retrouvèrent bientôt leur ancienne arrogance. Les Pavillons noirs s'avancèrent dans le Delta et firent des incursions jusqu'aux approches d'Ha-noï, des bandes nombreuses de Chinois, soudoyés par les mandarins, s'infiltrèrent un peu partout.

Bref ces démonstrations hostiles pouvaient, à un

moment donné, rendre périlleuse la situation de l'expédition.

Aussi son chef demanda-t-il du renfort. Enfin, après une longue attente, le transport *la Corrèze* lui apporta un secours précieux : environ huit cents hommes.

Aussitôt le commandant se mit en campagne.

Son premier soin fut d'occuper les forts d'Haï-phong, la clé du Tong-kin, et le bassin houiller que M. Fuchs venait d'explorer et de reconnaître.

Le 27 mars, il arrivait sous les murs de Nam-dinh, et après un bombardement et une fausse attaque, il s'emparait de la citadelle.

Malheureusement le lieutenant-colonel Carreau fut blessé au pied par un biscaïen et mourut peu de jours après. Nous eûmes quelques autres blessés, mais pas de tués.

L'ennemi fit des pertes sensibles.

Dans la citadelle on trouva de l'argent, des approvisionnements considérables et cent cinquante canons dont plusieurs étaient d'origine française ; ils avaient été livrés à Tu-duc, en exécution du traité de 1874.

Ensuite le commandant laissa une garnison dans la citadelle et revint à Ha-noï.

Pendant son absence, le détachement qui gardait la pagode avait été attaqué par les Annamites et des bandes de Pavillons noirs et autres Chinois, en nombre assez considérable. Mais le chef de bataillon Berthe de Villers les avait repoussés, rejetés de l'autre côté du fleuve et chassés des villages environnants.

Cette agression avait été prévue depuis longtemps. On savait que les Chinois qui avaient disparu depuis plusieurs mois, se disposaient à revenir à la fin de mars, pour attaquer la garnison d'Ha-noï. Le correspondant du *Temps* l'avait annoncé deux mois à l'avance.

Nos soldats eurent une dizaine de blessés ; l'ennemi fit des pertes sérieuses.

Le village de Gia-cam, abandonné par ses habitants, fut livré aux flammes par nos troupes, — mesure fâcheuse, car elle n'était pas faite pour nous concilier la sympathie des indigènes.

Plusieurs semaines s'écoulèrent sans nouvel incident. Les canonnières françaises se contentaient de parcourir fréquemment les rivières et canaux communiquant entre Ha-noï, Nam-dinh et Haï-phong, et, sur tout leur parcours, les officiers et soldats recevaient de nombreux témoignages du respect et de la sympathie des habitants.

Mais les Chinois, repoussés le 27 mars, revenaient peu après et se glissaient dans les villages environnant Ha-noï, et jusque dans la ville marchande.

Le commandant, craignant de se laisser envelopper par les ennemis dont le nombre et l'audace croissaient tous les jours, décida de faire une sortie.

Le 19 mai dernier, à 4 heures du matin, la colonne expéditionnaire partait en reconnaissance dans la direction de Son-tay, sous les ordres du commandant Rivière qui, quoique souffrant, voulait diriger lui-même l'opération et s'était fait conduire en voiture découverte.

L'avant-garde avait déployé ses tirailleurs, mais la nature du terrain ne permettait pas de conserver les intervalles réglementaires.

Le reste de la colonne, ne pouvant prendre sa formation de combat sur une voie étroite, bordée de touffes impénétrables de bambou, marchait par le flanc (quatre par quatre), et était parvenue dans les parages où Garnier et Balny avaient été assassinés, dix ans auparavant, quand tout à coup éclate des deux côtés de la route, une violente fusillade partie d'un bosquet et d'un hameau que les éclaireurs n'avaient pas encore fouillés. La première décharge fut meurtrière; le commandant de l'avant-garde fit sonner la retraite, et pendant que les tirailleurs se repliaient sur le soutien, le chef de bataillon Berthe de Villers se porta vivement à leur secours. Mais la petite troupe attaquée sur chaque flanc par une canonnade et une fusillade bien nourrie, ne put mettre en batterie ses pièces de campagne; elle dut battre en retraite précipitamment, après avoir infligé de grandes pertes aux bandits.

Hélas! les nôtres furent cruelles : le commandant Rivière était tué avec plusieurs autres officiers; le chef de bataillon Berthe de Villers, mortellement blessé; 29 hommes restèrent sur le carreau; les blessés, au nombre de 51, purent seuls être ramenés.

Pendant plusieurs jours, les invincibles Pavillons noirs promenèrent, dans le Tong-kin, les têtes de nos soldats plantées au bout de piques.

Ils sont morts au champ d'honneur, nos vaillants soldats. Il n'est pas un Français qui ne se soit associé aux patriotiques paroles prononcées au Sénat, le 31 mai, par l'honorable sénateur, M. de Saint-Vallier : « Au nom du Sénat, j'adresse un témoignage de douloureux regrets, de respect, de sympathie, d'admiration pour les nobles victimes tombées là-bas sous les plis glorieux du drapeau français. Quant à ceux qui survivent, qui tiennent fermement notre drapeau, nous devons leur dire que de cœur et d'âme nous sommes avec eux. »

Maintenant que nous avons pleuré nos morts, faisons trêve à notre douleur, pour jeter un coup d'œil attristé sur cette affaire lamentable.

Quelle frappante analogie entre la situation du commandant Rivière et celle de Francis Garnier !

Tous deux ont été envoyés au Tong-kin sans instructions, avec des troupes insuffisantes.

Tous deux furent désavoués par les gouverneurs de la Cochinchine qui les avaient envoyés.

Tous deux servirent d'instruments inconscients à la politique ambitieuse et intéressée de ces deux fonctionnaires.

Pendant que les deux soldats se battaient bravement, les deux fonctionnaires parlementaient à Hué, paralysant ainsi l'action de leurs agents.

Tous deux périrent au même endroit, dans un guet-apens, sous les coups des Pavillons noirs.

Garnier a été un imprudent audacieux; pour Rivière, réservons notre jugement : rappelons-nous seulement que M. Challemel-Lacour a dit au Sénat que son intrépidité allait jusqu'à l'insouciance.

L'histoire qui se prononcera plus tard, éclaircira un point capital : Le commandant connaissait-il la situation politique du pays? A-t-il compris qu'il y avait pour lui nécessité de se concilier les sympathies du peuple tong-kinois, qui a constamment manifesté ses dispositions amicales en notre faveur, même après notre injustifiable abandon de 1874? A-t-il fait ses efforts pour s'assurer son concours, indispensable à la réussite ?

Embrasser franchement la cause des Tong-kinois contre les mandarins annamites, et traiter ces derniers en ennemis : Voilà tout le secret des succès prodigieux, inouïs de Dupuis et plus tard de Garnier, et de leurs compagnons.

Les indigènes, rassurés par cette attitude nette et ferme, ne leur marchandèrent pas leur concours.

Chaque Tong-kinois devint pour eux un auxiliaire, un ami, un éclaireur, un garde-du-corps vigilant et dévoué.

Si ce concours avait fait défaut à nos compatriotes, comment Dupuis et Millot auraient-ils pu, avec vingt-cinq Européens et quelques centaines d'Asiatiques, se maintenir pendant plusieurs mois, au cœur d'un pays, malgré les maîtres de ce pays, les mandarins, qui tenaient entre leurs mains l'autorité et la puissance militaire ? Comment auraient-ils pu déjouer leurs manœuvres, et échapper aux embûches qu'ils semèrent sous leurs pas?

Les mauvais fusils et les lances des Annamites n'étaient-ils pas suffisants pour massacrer une poignée d'hommes surpris par quelques milliers de soldats, si poltrons qu'on les suppose?

LE TRAITÉ BOURÉE.

Au moment où tous ces événements s'accomplissaient au Tong-kin, la République française était représentée dans le Céleste Empire, par un ministre en résidence à Pékin, M. Bourée.

Au mois de novembre 1882, ce dernier crut devoir préparer, avec les autorités chinoises, un projet de traité pour régler la question du Tong-kin et éviter l'intervention de l'Empire du Milieu.

(Pour expliquer et justifier ce projet, M. Bourée a prétendu qu'il était effrayé par les préparatifs formidables que faisaient les Chinois, pour venir nous combattre au Tong-kin. On saura bientôt ce que vaut cette affirmation.)

Dans ce pacte assez obscur, les Chinois prenaient l'engagement de ne pas envoyer de troupes et de reconnaître notre protectorat, sous certaines conditions, notamment qu'on laisserait une zone neutre entre leur frontière et le territoire protégé, depuis la mer jusqu'à Laokaï, qui leur serait donné en toute propriété.

Tout cela était peu clair, mais ce qui l'était davantage, c'est que la Chine voulait arriver au partage pur et simple du Tong-kin, en prenant dans son lot toute la partie sise au nord du Fleuve Rouge.

Mais ce pacte, c'était la négation du traité de 1874; c'était la renonciation à nos droits légitimes, c'était l'abandon des plus belles et plus riches provinces du Tong-kin, le démembrement et le partage cynique d'un pays qui n'appartenait ni à nous ni à la Chine; c'était aussi la remise gracieuse entre les mains des Chinois, de la clé de la navigation du Fleuve Rouge.

Aussi produisit-il une vive émotion en France, émotion qui ne se calma que le jour où on apprit le rappel de l'agent.

L'opinion publique, dans un moment de surexcitation bien naturelle, a peut-être été trop dure pour M. Bourée : ce dernier connaissait le vote par lequel la Chambre des députés, en abandonnant nos intérêts en Égypte, paraissait vouloir renoncer à nos anciennes traditions et à notre rang de puissance maritime. Qui sait s'il ne crut pas entrer dans les intentions du pays, en faisant sur le Fleuve-Rouge ce que nous avions fait l'année précédente sur le Nil?

Quoi qu'il en soit, le gouvernement français, en le rappelant, a agi sagement.

Du reste, cet agent avait, un peu auparavant, compromis gravement nos intérêts commerciaux dans l'Extrême Orient, en se faisant fermer les ports de la Corée qui venaient d'être ouverts aux Japonais, aux Anglais, aux Américains, et aux Prussiens. Ces quatre puissances ayant obtenu des traités, M. Bourée ouvrit des négociations avec les Coréens, mais voulut exiger une clause spéciale en faveur des missionnaires français. Les Coréens refusèrent net.

Et grâce à notre agent, les ports de la Corée sont toujours fermées à nos navires.

EN FRANCE.

Il y a quelques années à peine, les questions coloniales étaient l'objet de l'indifférence générale, mais depuis, un grand mouvement s'est produit, entraînant les esprits vers l'étude de ces questions d'une importance capitale, puisqu'elle concerne la prospérité et l'avenir de notre pays.

Ce mouvement est dû, tant aux courageux voyageurs qui viennent de s'illustrer par des explorations à jamais célèbres, qu'aux sociétés de géographie, sociétés commerciales et chambres syndicales qui, par leurs vœux, leurs efforts, leur persévérance, ont fini par arracher le public à sa coupable indifférence.

Rappelons ici un vœu très important, émanant du

Congrès international de géographie commerciale, qui s'est réuni à Paris, au moment de l'Exposition de 1878 et se composait d'une foule de savants, et des délégués officiels des principaux États de l'Europe et de l'Amérique :

« Considérant que la voie du Tong-kin découverte par M. Dupuis est la voie la plus courte et la plus facilement accessible pour pénétrer dans les provinces du sud-ouest de la Chine, et qu'un traité du 15 mars 1874, conclu entre la France et l'Annam, ouvre cette voie au commerce de toutes les nations;

» Le Congrès émet le vœu :

» 1° Que cette voie soit signalée à l'attention du commerce international;

» 2° Que la France prenne des mesures pour assurer l'exécution de ce traité. »

Enfin le gouvernement, remorqué par les uns, poussé par les autres, harcelé par le tenace Jean Dupuis, finit par comprendre que nos intérêts exigeaient une intervention effective au Tong-kin, intervention ayant pour but l'exécution d'un traité impunément foulé aux pieds par Tu-duc et ses mandarins.

Dès le commencement de 1881, la question était mûre : Au mois de juillet, le ministre de la marine demanda et obtint un crédit destiné à affirmer notre protectorat sur la contrée, mais ce crédit resta sans emploi.

C'est au commencement de l'année 1882, ainsi qu'on l'a vu plus haut, que se produisit l'intervention néfaste du gouverneur de la Cochinchine, mais loin de hâter le dénouement, elle ne fit que créer de nouvelles et graves difficultés.

Et, comme si la fatalité voulait rester impitoyablement attachée à cette malheureuse question, la solution en a été retardée par divers événements qu'un sincère patriote ne peut que déplorer :

La longue, très longue résistance de M. le président de la République ;

Les dissentiments qui se sont élevés entre les ministres, dont plusieurs paraissaient plus soucieux de leurs prérogatives personnelles, que de l'intérêt de la France ;

Les divisions intestines des Chambres qui, dans l'espace d'une année, provoquèrent quatre changements de ministère, et comme conséquence, de grandes pertes de temps ;

L'incartade de Jérôme Bonaparte qui troubla les cervelles de nos honorables et leur fit perdre un temps précieux en discussions stériles ;

La mort de Gambetta, partisan convaincu d'une action efficace et énergique au Tong-kin. Avec cette intuition et cette ampleur de vue que personne ne peut lui contester, même parmi ses ennemis les plus acharnés, il avait reconnu que la France avait un immense intérêt à affermir son autorité dans un pays destiné à devenir sa plus belle colonie.

Lorsque la mort le surprit, Gambetta étudiait notre système colonial avec l'ardeur qu'il mettait toujours au service de son pays. Il avait annoncé son intention de faire plusieurs conférences sur nos colonies, sur la nécessité de les développer, et d'occuper le Tong-kin ; sa première conférence devait avoir lieu à Lyon le 5 janvier.

Trois jours avant sa mort, un ami étant venu le voir, le trouva entouré de plans et de cartes. « Je travaille pour la France, » lui dit-il, puis lui montrant du doigt le Tong-kin, il ajouta : « Voilà l'avenir colonial de notre pays. »

LE TONG-KIN A LA CHAMBRE ET AU SÉNAT.

Au commencement de l'année 1883, tout le monde, gouvernants et gouvernés, comprenait que les affaires du Tong-kin réclamaient une solution définitive.

Dans la séance du Sénat du 13 mars, M. de Saint-Vallier, notre ancien ambassadeur à Berlin, demanda à M. Challemel-Lacour, ministre des affaires étrangères, quelles étaient les intentions du gouvernement :

« Il faut une occupation, disait l'honorable sénateur, mais il la faut prompte et résolue, avec un plan bien arrêté, sans demi-mesures, sans hésitations, sans incertitudes, parce que, avec les populations orientales, à la première apparence de faiblesse, à la première hésitation, le prestige disparaît et le danger commence. »

Dans sa réponse, le ministre affirma la résolution du gouvernement de faire valoir les droits que nous conférait le traité de 1874, et proclama « la nécessité pour la France d'ouvrir sans retard le Fleuve Rouge au commerce, et de nous établir au Tong-kin d'une manière définitive, comme protecteurs de l'ordre, de la sécurité et de la tranquillité publique ».

Ce langage, était trop ferme, trop sage, pour ne pas conquérir tous les suffrages.

Enfin, dans la séance de la Chambre des députés, du 26 avril 1883, le gouvernement présenta un projet de loi portant ouverture d'un crédit de 5,300,000 fr. nécessaire pour renforcer nos forces militaires et assurer, dans l'Extrême Orient, notre situation coloniale.

Ce projet de loi fut renvoyé à une commission qui nomma pour son président l'illustre savant Paul Bert, ancien ministre de l'instruction publique, et pour son rapporteur M. Blancsubé, député de la Cochinchine.

La commission approuva à l'unanimité le projet de loi, et y ajouta un article disant que la haute administration serait confiée à un commissaire général civil chargé d'organiser le protectorat.

Le rapport de M. Blancsubé, très remarquable dans la forme et le fonds, respirant la plus ardente conviction, détermine nettement le but à atteindre : Rendre à l'humanité des richesses perdues pour elle, ouvrir vers l'intérieur de la Chine une voie courte et facile, et affranchir un peuple opprimé qui nous appelle de ses vœux.

C'est le 15 mai que le projet de loi vint en discussion.

M. Delafosse, député de la droite, ouvre le feu.

Il tente d'établir un rapprochement entre l'expédition de Tunisie et l'opération projetée, expose ses appréhensions, reconnaît toutefois qu'il faut agir vigoureusement, et se contente, pour toute conclusion, de demander des éclaircissements sur le traité Bourée et sur les intentions du gouvernement.

M. Challemel-Lacour fournit les explications demandées tant sur la Chine, qui n'est pas une nation militaire, que sur le traité Bourée qui sacrifie les intérêts de la France.

Cette réponse ne pouvait satisfaire M. Georges Périn qui avait un discours à placer.

M. Périn, comme M. Delafosse, fait part de ses craintes au sujet d'une intervention chinoise.

Suivant l'orateur, les avantages d'une occupation sont problématiques ; le Fleuve Rouge n'est pas navigable, le pays est très malsain, il faut donc nous hâter de l'abandonner, pour nous retirer à Haï-phong, le point le plus excentrique et le moins sain de la contrée.

C'est d'un air très convaincu que M. Georges Périn développe son petit système tintamarresque, dont l'adoption eût été l'abandon d'avantages conquis au prix de notre sang et de notre honneur.

Le ministre remonte sur la brèche et met à nu la politique orientale, avec son astuce, ses fourberies, sa haine implacable qui ne capitulera que devant la force, et il expose avec une grande clarté, les raisons qui nous font une nécessité impérieuse de nous établir au Tong-kin, d'une manière stable et définitive.

Ce discours abonde en détails précis et concluants ; on sent que le ministre s'adresse à la galerie, — non pas celle qui est circonscrite dans le périmètre de la salle des séances.

La cause était gagnée depuis longtemps : Une majorité considérable — 351 voix — sanctionna le projet de loi ; 49 députés votèrent contre.

Trois membres de la droite seulement, appartenant au parti légitimiste, eurent le courage de faire taire leurs passions politiques, pour s'associer au vote de la majorité. Quant aux autres membres de la droite, ils ont, avec une touchante unanimité, refusé les crédits devant permettre de porter secours à nos soldats en danger, d'augmenter la prospérité publique et d'affermir en Orient le prestige du nom français.

Deux jours après, le projet était déposé au Sénat et renvoyé à l'examen des bureaux ; la commission nommait pour son président l'amiral Jauréguiberry, et pour rapporteur M. le comte de Saint-Vallier.

Le 24 mai, M. de Saint-Vallier lisait au Sénat son rapport, concluant à l'adoption du projet de loi, sauf l'article relatif à la nomination de commissaire civil, le gouvernement n'ayant pas besoin, pour cette nomination, d'une disposition législative.

Après plusieurs escarmouches dirigées contre le projet par MM. Fournier et Buffet, une riposte de M. de Saint-Vallier et deux discours de M. Challemel-Lacour qui, toujours sur la brèche, soutint le projet de tout son talent et de sa fière conviction, le Sénat, par 209 voix contre 4, approuva le projet de loi, avec la suppression proposée par la commission, d'accord avec le gouvernement.

Le projet fut renvoyé à la Chambre.

C'était le 26 mai.

Ce jour-là une grande animation régnait dans le palais; des bruits inquiétants circulaient de toutes parts : de mauvaises nouvelles venaient, disait-on, d'arriver du Tong-kin.

M. Blancsubé venait de lire un rapport très court concluant à l'approbation du projet de loi modifié par le Sénat.

« Je dois faire connaître à la Chambre, ajouta l'honorable rapporteur, que, depuis l'ouverture de la séance, la commission a reçu de M. le ministre de la marine, une communication qui doit être connue de tous. Une dépêche... »

A ce moment, l'orateur est interrompu. De nombreux députés debout à leurs bancs, les regards tournés vers le ministre, lui réclament la communication annoncée.

Ce dernier monte à la tribune et donne lecture d'une dépêche de l'amiral Meyer annonçant la sortie malheureuse du 19, la mort de Rivière et d'un certain nombre d'hommes, et demandant des renforts.

Au milieu de l'émotion générale, causée par cette triste nouvelle, le ministre fait connaître les mesures qu'il vient de prendre, à la suite de cette catastrophe, et prie la Chambre d'adopter de suite le projet de loi.

M. Georges Périn déclare qu'en présence de ce deuil, le devoir des représentants est de s'unir pour secourir sans retard nos soldats en danger, et venger ceux qui ont succombé.

M. Delafosse s'associe à ces paroles.

Alors le président de la Chambre se lève, et prononce ces mots salués des applaudissements de toute l'assemblée : « Qu'y a-t-il de plus noble et j'ajouterai, de plus utile, que ce qui se passe en ce moment, à savoir la constatation de l'unanimité de la Chambre, gouvernement, majorité, minorité, pour envoyer le témoignage de notre admiration à ceux qui combattent, qui ont si vaillamment combattu pour la France ? »

Et le projet de loi est adopté à l'unanimité des votants : 494 voix.

Cette manifestation patriotique mérite, quoique tardive, l'approbation du pays.

LA SÉRIE DES QUESTIONS ET INTERPELLATIONS.

La douloureuse nouvelle annoncée par le ministre de la marine et des colonies ne pouvait manquer d'être exploitée par les partis extrêmes. Pendant plusieurs jours, ce fut un véritable débordement d'insinuations odieuses, de commentaires perfides destinés à semer l'inquiétude dans le public et à égarer l'opinion. C'était la politique sanglante, le désastre, l'évacuation, le nouveau Mexique, etc.

Pour réduire à leur juste valeur ces rumeurs alarmantes, M. de Saint-Vallier, dans la séance du Sénat du 2 juin, provoqua des explications du gouvernement et, aux applaudissements de l'assemblée, le supplia d'agir énergiquement, sans perdre une heure, pour sauver l'honneur et les intérêts de la France.

Dans sa réponse, M. Challemel-Lacour fit l'historique du fameux projet de traité Bourée et fournit les explications demandées, destinées à calmer les craintes inspirées par ces événements lamentables.

Quelque semaines après, le 10 juillet, le gouvernement était de nouveau mis sur la sellette par deux interpellations émanant de MM. Gravier et Delafosse.

Le premier expliqua qu'à la veille d'une expédition lointaine, et au moment où la Chambre allait se séparer, il lui semblait nécessaire de demander des explications sur la politique qu'il se proposait de suivre, de l'interroger sur les limites des sacrifices imposés au pays, et sur le terme assigné à son effort.

« Aussi bien, ajouta l'orateur, l'heure n'est pas venue de dégager les responsabilités engagées, la vérité aura certainement son jour. La France a le droit de se demander qui doit être responsable du sang versé, mais le moment serait mal choisi pour entreprendre cette enquête ; les informations, le temps, le sang-froid nous feraient peut-être également défaut. »

Il conclut ensuite en proposant l'occupation de quelques points stratégiques du Tong-kin, persuadé que ces mesures répondront au sentiment du pays qui répudie également la politique des humiliations et la politique des aventures.

Comme on le voit, c'est le système de Georges Périn, revu, corrigé et considérablement augmenté.

Ce fut encore M. Challemel-Lacour qui répondit à cette interpellation, d'ailleurs fort courtoise.

Après avoir fait un résumé rapide des événements survenus pendant ces derniers mois, il précisa la pensée du gouvernement qui était de circonscrire son action dans le Delta où se trouvait la partie populeuse et laborieuse du Tong-kin, la partie accessible, devant devenir le siège de notre établissement, et il définit le rôle du commissaire civil qui serait chargé d'organiser, d'administrer le pays, de prévenir l'intervention de la Chine, et de se créer des alliances chez les peuplades voisines, afin d'arriver plus facilement à purger le Tong-kin des brigands qui l'infestaient.

« On nous a demandé, dit le ministre en terminant, quelle était notre politique dans l'Extrême Orient. Elle est bien simple : Faire exécuter les traités que nous y avons, affermir et étendre nos relations commerciales avec ces divers pays, en nouer de nouvelles. Nous sommes dans des rapports de confiance et d'amitié avec le gouvernement japonais ; nous vivons dans les meilleurs termes avec le roi de Siam et avec la nation siamoise ; nous avons avec ces divers pays des conventions que nous ne demandons qu'à maintenir et à améliorer.

» Nous n'en voulons, ni à leur indépendance, ni à leurs croyances, ni à leurs mœurs, heureux de les voir prospérer par l'industrie et le commerce, plus heureux encore s'il nous est donné, pour notre part, de contribuer à leur progrès.

» Telle est notre politique dans l'Extrême Orient. Nous sommes disposés à la pratiquer avec la Chine comme avec tous les autres États. Tel est l'esprit dont nous nous inspirons dans nos négociations à Paris et à Pékin.

» Ce que nous demandons à la Chine, c'est que le gouvernement chinois s'engage à n'entraver en rien notre action militaire et civile au Tong-kin. Ce que nous lui offrons, c'est de conclure un arrangement de nature à régler les rapports commerciaux des deux pays, et à sauvegarder les intérêts des résidents chinois au Tong-kin. C'est de nous obliger à respecter et faire respecter les frontières chinoises, comme elle s'engagera à respecter et à faire respecter les frontières du Tong-kin.

» Telles sont les bases des négociations que nous poursuivons. Quelles que soient les hésitations que nous rencontrions, nulle lenteur ne fatiguera notre patience, nul procédé dilatoire ne nous empêchera de remplir la tâche de devoir, d'honneur et de dignité qui nous appelle au Tong-kin. Avec votre assentiment, forts de votre concours, nous comptons accomplir ce double devoir : Venger nos morts et mettre notre établissement au Tong-kin à l'abri de toute injure, et amener un arrangement qui apaise les esprits et qui règle, pour un long espace de temps, les relations du grand Empire oriental et de la France. »

C'est au milieu des applaudissements de la Chambre presque entière, que le ministre descendit de la tribune, et que M. Delafosse y monta.

Ce dernier, qui appartient au parti de l'opposition irréconciliable, crut mettre le gouvernement dans un embarras terrible, en exhumant le trop fameux traité Bourée, et en apportant ses doléances et ses regrets au sujet du désaveu infligé à notre agent.

L'orateur fut mal inspiré en provoquant de nouvelles explications, car M. Challemel-Lacour n'eut pas de peine à démontrer que ce traité sacrifiait tous nos intérêts ; que peu de jours avant d'entamer des pourparlers, M. Bourée s'était déclaré l'ennemi acharné de toute négociation, et avait fait de nombreux et pressants appels à une action énergique, et qu'en définitive, il était l'un des auteurs des difficultés actuelles, puisqu'il avait de son propre chef, par un revirement subit et inexpliqué, entraîné son pays dans une voie dangereuse: la voie des négociations, alors que la Chine ne songeait pas à contester sérieusement nos droits.

« Nous poursuivrons notre entreprise au Tong-kin, conclut le ministre; nous nous établirons sur le pied qui nous appartient; nous saurons nous y mettre à l'abri de tout mauvais dessein. »

Et il finit en déclarant que, lorsqu'il plaira à l'Empire chinois d'entrer en pourparlers, il trouvera le gouvernement français sans impatience et sans colère, prêt à chercher des bases solides, pour établir entre les deux États des relations pacifiques.

Au ministre succéda M. Blancsubé qui vint exposer ses vues sur le genre de protectorat qu'il voudrait voir établir sur tout l'Annam.

Alors se produisit un incident scandaleux que, pour l'honneur de la tribune française, nous passerons sous silence, nous contentant de déplorer l'aveuglement des électeurs ignorants qui envoient pour les représenter dans une haute assemblée politique, des insulteurs et des énergumènes.

Après cette scène, d'une violence inouïe, la Chambre, par 362 voix contre 78, adopta un ordre du jour de confiance, en faveur du gouvernement.

Les lauriers cueillis par M. Delafosse et autres troublèrent sans doute les rêves de M. le duc de Broglie, car il voulut aussi adresser sa petite question au gouvernement.

C'est le 21 juillet qu'il se livra à cet excercice anodin, mais devenu fastidieux et sans intérêt pour les galeries comme pour l'opinion publique, et demanda quel était l'état de nos relations avec l'Annam.

Le ministre des affaires étrangères répondit que la France n'était pas en état de guerre déclarée avec l'Annam, et que son action ne devait consister, pour le moment, qu'à réprimer une série de mouvements tumultueux, sauf à agir ensuite contre Tu-duc, si elle ne pouvait obtenir la paix autrement. Et il renvoya l'honorable duc aux explications qu'il avait déjà fournies dans ses discours précédents.

Et en effet, c'était la huitième fois que le ministre était, en moins de deux mois, monté à la tribune pour prendre la parole sur les affaires du Tong-kin.

CHINOIS ET ANGLAIS.

Les questions et les interpellations adressées au gouvernement avec tant de prodigalité, produisirent un résultat auquel tous leurs auteurs ne s'attendaient sans doute pas : les explications catégoriques, fournies par lui sur notre situation et notre politique dans l'Extrême Orient, déconcertèrent les espérances de nos ennemis intérieurs et extérieurs, et rassurèrent l'opinion publique en France.

Déjà le public, trompé et effrayé par des bruits mensongers, voyait d'innombrables armées de Chinois aguerris et bien armés, échelonnées sur les frontières et prêtes à fondre sur nos troupes.

Il ne s'apercevait pas que ces redoutables guerriers sont toujours ces magots débonnaires qui décorent nos potiches, et qu'ils ne sont pas plus terribles que les dragons peints dans leur dos ou sur leurs étendards.

Mais ne rions pas des Chinois qui, considérant la guerre comme la manifestation brutale de la force, n'ont qu'en médiocre estime l'art militaire.

Ils ne veulent pas suivre l'exemple des Occidentaux, qui dépensent des milliards à fondre des canons et à bâtir des forteresses.

Ont-ils tout à fait tort, ces Chinois pacifiques? Toutes leurs aspirations sont tournées vers cet objectif: la prospérité par le travail et la paix ; aussi sont-ils, depuis nombre de siècles, le peuple le plus industrieux et le plus commerçant du globe.

N'oublions pas que, s'ils n'ont pas inventé ces mots iniques, en honneur dans l'Occident : « La force prime le droit », ils ont découvert l'imprimerie, et ont plus fait pour le bonheur de l'humanité que ceux qui ont inventé le canon Krupp et le fusil à aiguille.

Quant aux Anglais, ils ne savent pas cacher le dépit que leur cause notre politique d'expansion coloniale.

Ils se croient toujours au temps où nos trop chevaleresques ancêtres leur disaient : « Après vous, messieurs les Anglais ! »

Il semble qu'en prenant le Tong-kin, nous leur retirons leur bien (1).

Ne nous étonnons pas de cette jalousie; c'est qu'ils entrevoient le jour où le Fleuve Rouge, ouvert au commerce, fera dériver vers nos possessions les riches produits de la Chine, qu'ils convoitent depuis plus de cinquante ans; c'est que cette voie de communication va rendre inutiles les travaux de géants qu'ils ont commencés dans l'empire des Indes, pour tâcher de pénétrer au cœur de l'Empire du Milieu.

Dans cette campagne égoïste, plusieurs journaux anglais se sont signalés par leur violence et leurs attaques venimeuses.

Laissons-les exhaler leurs doléances et accordons à ces injures l'honneur qui leur est dû : le mépris.

A ces articles venimeux, il nous paraît intéressant

(1) On raconte plaisamment qu'un marin anglais, en voyageant dans un pays étranger, rencontra un petit lac et trempa son doigt dans l'eau. « Ah! ah! dit-il, l'eau est salée; ceci doit être à nous. »

d'opposer les lignes suivantes, qui ont paru dans le journal anglais le *Daily-Press* de Hong-Kong, le 25 février 1874, c'est-à-dire peu de temps après les derniers événements du Tong-kin :

« Nul peuple n'est, plus que les Chinois, disposé à profiter de tout ce qui ressemble à la faiblesse; nul ne cherche avec plus d'attention les signes d'affaiblissement des nations étrangères. Notre position en Chine a été imposée par la force, et les Chinois ne l'oublient pas.

» Les nouvelles du Tong-kin vont se répandre rapidement, si elles ne sont pas déjà connues, et il est bien à craindre qu'elles ne fassent mettre encore davantage en question l'autorité de la France dans ce pays. Cela peut tarder un peu, mais à la longue, si les Chinois voient que la France ne fait aucune démarche pour regagner sa position, le parti hostile aux étrangers s'enhardira à recommencer la tentative de Tien-tsin.

» La France a un grand intérêt à réparer les fautes commises, car son prestige dans l'Extrême Orient, la sécurité de ses sujets et de tous ses protégés en Chine, dépendent de la ligne de conduite qu'elle va suivre.

Espérons, non seulement pour les intérêts de la France, mais pour ceux de toutes les nations civilisées dans ces pays d'Orient, que son gouvernement fera son devoir. Si le prestige d'un peuple étranger, occupant en Chine une position importante, est sérieusement diminué, celui de tous les autres sera bien ébranlé, et, si la France ne fait rien, tous les peuples qui ont en Chine des intérêts à défendre et des nationaux à protéger, auront à en souffrir. »

Jusqu'à ce jour, leur gouvernement n'a pas manifesté sa mauvaise humeur à notre égard. Il serait mal venu à nous reprocher notre légitime ambition, quand il a les mains pleines du Transwaall, de la Côte d'Or, de Chypre, de l'Égypte, de la Nouvelle-Guinée, etc.

Au surplus, il n'appartient pas plus à l'Angleterre et à la Chine qu'à toute autre nation, de nous empêcher de laver les insultes faites à notre drapeau depuis dix ans, par un peuple de fourbes et de lâches, de l'obliger à l'exécution de ses engagements, et de venger le sang de nos enfants assassinés par des bandits.

La crainte des complications extérieures est une crainte salutaire sans doute, mais quand elle est poussée à l'excès, elle devient un acheminement fatal vers ces complications. Nous en appelons au témoignage de tous les gens de bonne foi qui, jusqu'à ce jour, se sont opposés à une politique d'action au Tong-kin.

AUJOURD'HUI. — CONCLUSIONS. — UNE ŒUVRE NATIONALE.

Pendant sept ans, la question du Tong-kin a été tellement simple, qu'elle n'a pas été comprise de nos diplomates et de nos hommes politiques. Nous avions un traité : Il fallait non seulement l'exécuter, mais encore forcer l'autre partie à remplir ses engagements. En l'observant seuls, nous sacrifiions nos intérêts sans aucune compensation, nous jouions un rôle de dupes, indigne d'une nation forte et éclairée.

Ce traité, Tu-duc et ses mandarins l'ont impunément violé et il ne faut pas s'en étonner. Leur vieille haine « contre les brigands de Saïgon » n'a pas désarmé : ils ne nous pardonneront jamais la conquête de la Cochinchine. Et puis le Tong-kin est leur grenier d'abondance; ils ne vivent que du travail des Tong-kinois, leurs serfs, et des riches produits de leurs pays. Ils savent que les Français, en ouvrant cette contrée au commerce, l'ouvriraient aussi à la liberté. C'est pour cela qu'ils entravent notre action avec tant d'habileté, de persévérance, d'acharnement.

Avouons qu'ils sont logiques, plus logiques que nous; ils savent ce qu'ils veulent, eux : la conservation du Tong-kin, et tous leurs efforts tendent à ce but. Mais leur résistance, c'est la coalition de voleurs qui veulent conserver leur proie.

« L'oppression est si odieuse, dit l'*Écho du Japon*, que les Tong-kinois aspirent à la délivrance la plus prompte possible par une puissance quelconque. Sans doute, ils préféreraient vivre libres et indépendants sous le gouvernement de leur dynastie nationale restaurée. Cette restauration étant impossible, ils aiment mieux être affranchis par nous et à notre profit, que de rester plus longtemps ployés sous le joug abhorré des Nguyen. La France a, la première, montré ses couleurs dans les rivières du Delta, et pris la défense des opprimés contre les oppresseurs. Les Tong-kinois ne connaissent que la France et l'appellent de nouveau à leur secours, lui pardonnant de les avoir abandonnés la première fois. Si une autre puissance se fût présentée à eux avant nous, elle aurait les préférences de ces malheureux tyrannisés. Ce n'est pas pour la France qu'ils se prononcent, mais pour la nation dont ils espèrent aide et assistance. Ça été une question de course. Nous avons la chance, grâce à Dupuis, d'arriver les premiers. Le peuple tong-kinois se mettra à genoux devant la nation, quelle qu'elle soit, qui le délivrera du joug annamite.

» Nous disons que nous devons être celle-là. »

La catastrophe du 19 mai, si lamentable qu'elle soit, aura, au point de vue de l'intérêt général, des conséquences favorables : elle a ouvert les yeux des moins clairvoyants, et vaincu la résistance des opposants. Elle hâtera le dénouement de la question. Tout le monde a compris que, sous peine d'abdication, notre action au Tong-kin doit être aussi vigoureuse, aussi ferme, qu'elle a été jusqu'à ce jour hésitante et indécise, et qu'il faut rompre complètement avec cette politique décousue qui a fait dire à Tu-duc : « Les Français aboient comme des chiens et fuient comme des chèvres. »

Aussi bien la situation qui s'aggrave de jour en jour, réclame une solution immédiate :

La ville d'Ha-noï a été abandonnée par ses habitants;

Les Pavillons noirs, unis à de nombreuses bandes de brigands, pillent et ravagent une grande partie du Delta;

Et pendant ce temps, les partisans de la dynastie des Lê s'agitent autour d'un descendant de cette famille royale, qui, caché jusque-là, vient de sortir de sa retraite. Ils n'attendent qu'une occasion favorable pour lever l'étendard de la révolte.

A Hué, l'hostilité des mandarins est telle que M. Rheinart, notre résident, menacé dans sa sécurité, dut quitter son poste le 5 avril, avec tout son personnel. Après son départ, le roi fit établir des barrages dans la rivière qui donne accès à la capitale.

Mais cette situation ne peut nous inspirer d'inquiétudes, si nous agissons avec vigueur.

Il faut frapper l'ennemi à la tête :

L'ennemi, c'est Tu-duc.

« Si on n'entre pas à Hué, s'écrie M. Paul Leroy-Beaulieu, le célèbre économiste, si on ne l'occupe pas, les difficultés renaîtront sans cesse. Est-ce que tous les obstacles que nous rencontrons ne viennent pas de la cour de Hué ? Est-ce que les intrigues à Pékin ne partent pas de Hué ? Est-ce que les mandarins annamites qui soulèvent et dirigent contre nous les bandes du Tong-kin, ne sont pas les fonctionnaires de l'empereur Tu-duc? Est-ce que Tu-duc n'a pas violé toutes ses promesses ? Est-ce qu'il ne fera pas de même, tant que nous aurons l'air de le redouter et de le ménager? »

Au Tong-kin, la lutte pourra être assez vive, si on agit mollement : les bandits, grisés par leurs premiers succès, enhardis par l'impunité et armés de fusils perfectionnés, se préparent à une résistance sérieuse.

Mais ce ne sont pas des belligérants : il faut les débusquer, les traquer, les poursuivre jusque dans leurs repaires, et les exterminer. Pas de quartier pour ces brigands qui ne vivent que de rapines et ont assassiné les nôtres !

Quant aux mandarins qui nous ont trahis, il faut en faire une razzia complète et les fusiller sans pitié !

Pour arriver à une prompte et définitive pacification du Tong-kin, tout en ménageant le sang de nos soldats, le gouvernement ne doit pas hésiter à s'assurer le concours des indigènes.

Il sait que les Tong-kinois, attendant de nos mains leur affranchissement d'un joug odieux, nous ont toujours accueillis comme des protecteurs et des bienfaiteurs.

Nous les avons cruellement trompés dans leurs espérances, et maintenant, ils éprouvent à notre sujet une défiance que les événements n'ont que trop justifiée. Abandonnés par nous en 1874, bombardés et poursuivis par le commandant Dujardin, comment peut-on s'étonner qu'aujourd'hui, ils ne nous tendent plus les bras?

Depuis ces malheureux événements, qu'a-t-on fait pour les ramener à nous et attirer leur confiance? Rien.

Il faut donc aller à eux et les rassurer : Il faut les organiser en milices et les armer; ils nous rendront les mêmes services qu'à Garnier et à ses lieutenants. En arrivant au Tong-kin, Garnier dédaignant les conseils de Dupuis, crut devoir adopter une politique de conciliation, en ménageant les mandarins et le peuple. Il croyait se mettre ainsi sur un terrain politique inattaquable. Mais les fourberies des mandarins ne tardèrent pas à lui ouvrir les yeux. Il se rallia franchement à la cause des indigènes qui, alors, lui fournirent autant de miliciens qu'il en voulut.

Or, quel est l'homme plus capable de nous gagner sûrement les sympathies des Tong-kinois, que celui qui nous a ouvert les portes de leur pays, et a acquis dans toute la contrée et dans une grande partie de la

Chine, une influence et un prestige considérables?

Jean Dupuis est notre interprète naturel auprès des Tong-kinois. Lui seul peut les attirer à nous et leur donner cette confiance si nécessaire.

Lui seul peut assurer la neutralité et même le concours des peuples indépendants placés entre la Chine et le Tong-kin, qui supportent impatiemment le brigandage des Pavillons noirs, et nous aideront à les exterminer.

Ignore-t-on que, lors de ses divers passages dans leurs territoires, les chefs montagnards l'avaient supplié de les délivrer de ces voisins dangereux, que tous, même les Pavillons jaunes, firent avec lui des traités, qu'aujourd'hui encore, il entretient avec les principaux chefs des relations amicales?

Il faut donc, sans plus tarder, faire appel au patriotisme de Dupuis.

L'amiral Jauréguiberry, qui ne peut être soupçonné de tendresse pour lui, avait bien compris tout le parti qu'il pouvait tirer de sa popularité lorsque, le 10 décembre dernier, il déclarait du haut de la tribune que « pour l'exécution de ses projets, il serait heureux de profiter de ses lumières et de son expérience ».

A Ha-noï, les indigènes disent aux Français : « S'il est vrai que cette fois-ci vous voulez nous délivrer et rester avec nous, pourquoi donc Dô-ta-jen ne vient-il pas avec vous? »

Voici ce qu'écrivait de Saïgon, il y a bientôt un an, le correspondant du *Temps* : (N° du 26 nov. 1882.)

« Il est parmi nous un homme modeste et courageux, duquel on peut attendre encore de grands services, et que le patriotisme du ministre de la marine songe sans doute à employer. Nous savons par diverses personnes arrivées récemment du Tong-kin, de quelle popularité de bon aloi jouit sur les rives du Fleuve Rouge, le nom de M. Dupuis. La présence de notre compatriote dans ces parages qui lui sont familiers, aurait certainement pour effet de ramener la confiance des populations ébranlée par nos hésitations, et de les rassurer sur nos véritables projets.

Écoutons aussi ce que dit le *Times* dans un article du 2 juin 1883 :

« M. Dupuis, l'auteur de la question, devrait être certainement chargé de faire revivre les sympathies des Tong-kinois pour la France; sa présence aurait pour résultat d'empêcher l'effusion du sang, ce qui serait la meilleure justification de l'entreprise, lors même qu'il devrait en résulter une annexion. »

Nous citons cette phrase d'autant plus volontiers, qu'elle émane d'un journal hostile à notre politique, et qui, dans ce même article dit que le nom de Dupuis excite chez les Anglais *tout autre chose que des sensations agréables.*

Au Tong-kin comme en Cochinchine, on se demande pourquoi le gouvernement n'a pas encore utilisé le concours de Dupuis.

Est-ce pour ménager les susceptibilités de l'administration de la marine qui, il y a dix ans, ne voulait voir en lui qu'un forban et un baratier?

Est-ce parce que son intervention, en amenant un dénouement plus prompt et plus pacifique, priverait quelques ambitieux d'un peu de gloire et de profit?

Le pays ne pourrait accepter ces raisons. Il faut clore définivement l'ère des fautes et des maladresses: Si Dupuis avait été envoyé plus tôt au Tong-kin, il est probable que Rivière, Berthe de Villers et tant d'autres seraient encore vivants.

Son concours ne peut qu'alléger la tâche si lourde du commissaire de la République, chargé d'organiser le protectorat. Cette haute mission a été confiée au docteur Harmand, consul à Bangkok, qui a pris une part si glorieuse à l'expédition Garnier, et a administré la province de Nam-dinh — trop peu de temps il est vrai — avec beaucoup de sagesse et de prudence. Connaissant le pays et les mœurs des habitants, de même que des peuples voisins, il est appelé à rendre, dans ses nouvelles fonctions, de grands services à son pays.

Unissons-nous dans une même pensée, nous qui voulons la prospérité de notre commerce et de la fortune publique, l'extension de notre influence, la grandeur de la patrie, et disons bien haut au gouvernement :

« Le temps des contradictions est passé. Il faut réparer les fautes commises; occupez le Tong-kin, non pas en conquérants, mais en libérateurs et en protecteurs. La France est avec vous. »

En réalisant ce programme, nos gouvernants auront mérité la reconnaissance non seulement du pays, mais encore des douze millions de Tong-kinois qu'ils auront délivrés de leurs oppresseurs, et mis sous la protection de la France.

Et ils obtiendront de nouveaux titres à notre gratitude, le jour où, profitant des circonstances favorables qui ne peuvent tarder à se présenter, ils pourront proclamer purement et simplement :

L'ANNAM, COLONIE FRANÇAISE.

Ce jour-là, ils auront fait une œuvre féconde, une œuvre nationale.

SOYONS PRATIQUES

Dans une communication adressée à la Société de géographie de Paris, le 7 février 1877, M. Dupuis, après avoir fait connaître les résultats de ses explorations, continue comme il suit :

« Ainsi, dans mon imagination, je me voyais attirant dans ces parages, une puissante colonie venue de France qui, profitant des bienfaits de l'ouverture du pays, aurait contribué à la rendre durable. Il y avait du travail pour tous et d'immenses fortunes à faire.

» Je me voyais aussi, établissant une voie ferrée dans la vallée, et épuisant enfin toutes les mesures propres à rendre impérissable, la réalisation définitive du plus cher rêve de ma vie.

» Mais, hélas ! à quoi bon rappeler ces choses, aujourd'hui que mon œuvre brisée ne me laisse plus que de douloureux souvenirs !

» Dans la réalisation de mes projets, je voyais encore l'accroissement de l'influence de la France, de la patrie d'où il faut avoir été longtemps éloigné, pou sentir tout l'amour qui nous y attache. Enfin, je voya aussi une question d'humanité. Il me semblait bea d'admettre aux bienfaits de la civilisation des peu ples à demi barbares, tout disposés à sortir de l'omb où ils sont plongés, pour marcher à la lumière d idées modernes, et j'étais tout fier d'offrir à la Franc l'occasion d'exercer une fois de plus et d'une faç éclatante, la mission qu'elle semble avoir reçue en pa tage, et qui consiste à conquérir par l'intelligen tous les peuples déshérités. »

— Non, illustre compatriote, votre œuvre n'est pa brisée ; elle a été méconnue longtemps, attaquée, ni par des ambitieux et des envieux ; aujourd'hui enco elle est en butte à leurs calomnies, car jamais le jalousie ne désarmera ; mais la vérité finit toujou par vaincre ses ennemis les plus acharnés, et le jo est proche où votre œuvre obtiendra un triompl éclatant.

Et ce ne seront pas vos détracteurs qui seront l derniers à tirer profit de vos travaux et de vos déco vertes.

La fortune colossale qui, sans la néfaste interve tion que l'on sait, était assurée à Dupuis par ses trait et ses entreprises commerciales, a troublé bien d cervelles et allumé bien des ambitions.

Les uns ne rêvent plus que traités avec les Chinois et les peuplades voisines, et comme Dupuis, échangeraient volontiers du sel contre le même poids de cuivre du Yunnan ou d'ailleurs;

Les autres ont leur sommeil hanté par des visions fort attrayantes, bassins houillers, gisements métallifères, montagnes de cuivre, carrières de marbre, etc.;

Celui-ci est tout disposé à s'embarquer pour le Fleuve Rouge et la Rivière Noire, dans l'espoir de ramasser à pleines mains sur leurs bords, de grosses pépites d'or;

Celui-là est en quête d'un pays inconnu, riche et pas trop inabordable, où il pourrait faire une exploration, sans risquer follement de laisser sa peau entre les mains des indigènes. Lui aussi voudrait bien avoir sa petite expédition.

Au milieu de tout cela, il y a des gens froids et sérieux qui, pensant trouver au Tong-kin un élément à leur activité et une source de fortune, considèrent cette contrée comme la « Terre promise ».

Certes, personne n'a le droit de blâmer la légitime ambition des gens actifs et audacieux qui aspirent à la prospérité et à la fortune, par le travail et l'intelligence, et qui ne reculent pas, pour atteindre ce but, devant les douleurs de l'expatriation.

Mais gardons-nous de croire qu'il suffira de s'embarquer à destination du Tong-kin pour mettre le cap sur la Fortune; beaucoup réussiront, mais beaucoup n'éprouveront que déboires et amères déceptions. La population est dense dans le Delta ; les ouvriers, nombreux et peu rétribués.

Ceux-là seuls sont assurés du succès qui pourront disposer de quelques capitaux.

Nos rivaux le savent bien. De puissantes maisons anglaises, chinoises et allemandes, se préparent déjà à une véritable prise de possession du Tong-kin.

Garde à vous, négociants et capitalistes français !

Pendant que vos capitaux et les nôtres se laissent prendre aux traquenards des Sociétés fondées dans un seul but de spéculation, ou plutôt de spoliation (est-ce vrai, victimes de l'*Union générale*, de l'*English-bank*, de la *Société générale de laiterie?*), les capitaux étrangers fructifient dans nos colonies. Ce sont les Allemands et les Chinois — nous sommes honteux de le dire — qui sont les maîtres du haut commerce chez nous, à Saïgon ; ce sont eux qui sont les fournisseurs de l'administration française.

Demain, ces rivaux, pour ne pas dire ces ennemis, deviendront, si nous n'y prenons garde, les maîtres de notre nouvelle colonie, le Tong-kin.

Ce serait pour eux que nous aurions fait tant de sacrifices, et répandu tant de sang français ! Et nous les laisserions s'écrier impudemment, comme ils l'ont fait déjà trop souvent : Aux Français la peine, à nous le profit !

Mais non, cela ne peut pas être. Et, pour combattre

ces races envahissantes, il nous faut leur emprunter leurs propres armes.

Il n'est pas de peuple qui connaisse aussi bien qu'eux la puissance de l'association. C'est cette association qui fait leur force et leur permet de combattre, et trop souvent, d'évincer les Français. Les gens superficiels, qui sont toujours prêts à rire des choses qu'ils ne connaissent pas, ignorent que les coolies chinois, c'est-à-dire les hommes de la dernière classe, transportés sur un sol étranger, finissent toujours, grâce à leur travail et leur système d'association, par s'emparer du commerce de ce pays, et par accaparer le monopole des affaires, dans les lieux mêmes où ils avaient été jetés peu auparavant, comme de misérables esclaves.

Donc, imitons les Chinois : associons-nous; la réunion de pécules modestes formera des capitaux qui, mis entre des mains honnêtes et habiles, nous donneront des bénéfices aussi sûrs qu'élevés. Prenons au Tong-kin la place qui nous appartient, et que le prestige de nos armes ne peut nous conserver éternellement; notre rôle de protecteurs et bienfaiteurs nous assure une prépondérance dont nous devons profiter, pour la confusion de nos rivaux et notre plus grand bien.

Nos agents consulaires, ayons le courage de le reconnaître, sont trop souvent au-dessous de la tâche qui leur a été confiée. Une de leurs attributions consiste à fournir à la métropole tous les renseignements qui peuvent intéresser l'industrie et le commerce nationaux.

Ce point est souvent négligé.

Le gouvernement, ému des plaintes nombreuses qui lui ont été adressées à ce sujet, fait ses efforts pour donner satisfaction à des vœux si légitimes.

Dernièrement, il a nommé une commission chargée d'examiner l'organisation consulaire, et spécialement les attributions des consuls, et les services qu'ils peuvent rendre au commerce français.

Plus récemment encore (le 14 mai dernier), il a confié à une autre commission, le soin d'étudier le projet de création de chambres de commerce françaises à l'étranger, qui seraient chargées de grouper toutes les forces disponibles contre la concurrence, et en même temps, de fournir des informations sûres au commerce métropolitain.

Tout cela est fort bien, mais, pendant que ces commissions se diviseront en sous-commissions, comités, conseils d'enquête, etc., pendant qu'elles délibéreront et que le gouvernement se recueillera, les étrangers auront tout le temps nécessaire pour prendre pied au Tong-kin, tranquillement et sûrement.

C'est alors qu'il sera plus difficile de les combattre et presque impossible de les éliminer.

Il ne faut donc pas que notre commerce, confiant

dans les bonnes dispositions du gouvernement, s'endorme dans une trompeuse sécurité : le réveil serait cruel.

Que faire ?

A notre humble avis, il est nécessaire, urgent que les chambres syndicales, la Société de géographie commerciale, et en résumé toutes les associations qui ont pour but la prospérité publique, et l'extension de notre influence, se concertent ensemble et envoient au Tong-kin, des délégués chargés d'y recueillir et de leur transmettre sans retard, tous les renseignements pouvant intéresser notre commerce et notre industrie.

Leurs études sur les ressources de la contrée et des pays limitrophes, les besoins des habitants, le mouvement des affaires, rendraient à nos nationaux des services immenses, et leur permettraient de faire des entreprises à bon escient et en toute sécurité.

En contribuant à la prospérité de leurs concitoyens, ils feront œuvre patriotique : ils travailleront pour le pays.

UN GRAND POUSSAH QUI NE VOLE PLUS

« Vous êtes un grand Poussah qui plane dans les airs, pour faire du bien à l'humanité souffrante, » écrivait à Dupuis, en 1873, le prince Hôang, commandant en chef de l'armée annamite.

C'est dans ce langage imagé que le prince lui exprimait son admiration, pour avoir pu traverser le territoire occupé par les Pavillons noirs, ces brigands terribles contre lesquels il avait vainement « fait le tonnerre », et qui n'avaient pu être soumis par les plus grands généraux de l'Annam.

En ce temps-là, Dupuis était puissant et honoré; il venait d'accomplir un voyage et une exploration considérés jusque-là comme impossibles, de forcer les portes d'un pays fermé par des maîtres jaloux et avides, et d'y apporter le flambeau du progrès et de a civilisation. Pacifique conquérant de tout un peuple, il eût pu, s'il avait eu l'ambition du pouvoir, se faire proclamer roi de douze millions de sujets.

Aujourd'hui, que les temps sont changés !

Il ne plane plus dans les airs, le grand Poussah ; il s'est brûlé les ailes, et il est tombé lourdement sur le sol, meurtri, mais non vaincu.

Opulence, gloire, honneurs, puissance, tout a passé comme un rêve ; il n'est resté à Dupuis, dans sa ruine, qu'un bien : l'Espérance. Il avait en son œuvre une foi inaltérable, invincible. C'est cette foi qui le soutint dans la lutte formidable qu'il entreprit pour la défense de son droit, et le triomphe de la cause qu'il avait embrassée. C'est elle qui le ranima, et lui fit supporter avec courage les déboires, les avanies, toutes les tortures dont il fut accablé pendant près de dix ans.

Nul ne saurait dire les prodiges de persévérance, de ténacité, d'indomptable énergie qu'il dut accomplir pendant ce long espace de temps, pour faire entendre sa voix, confondre ses calomniateurs tout-puissants, et gagner sa cause devant la justice.

Fatigué de ses réclamations, un ministre qui en connaissait le bien fondé, lui offrit pour lui fermer la bouche, de lui payer quelques centaines de mille francs. Dupuis refusa net : ce n'était pas une aumône qu'il demandait. Ce qu'il voulait, c'est que la France prît d'abord possession du Tong-kin, dont il lui avait remis les clés, et qu'ensuite elle réparât le préjudice causé à ses intérêts et à son honneur, tant par l'administration française que par le royaume de l'Annam.

A cette époque, l'homme qui refusait ainsi l'argent

offert par le ministre, n'avait pas de domicile : il était l'hôte d'un ami généreux.

Maintenant ce créancier de deux États habite à Paris, un humble logis, au dernier étage d'une maison de modeste apparence. C'est là qu'il est venu s'échouer, triste épave longuement ballottée par l'injustice.

Voulez-vous voir l'explorateur du Fleuve Rouge, le mandarin Jean Dupuis? Avez-vous besoin d'un avis, d'un renseignement, d'un conseil amical? Allez le trouver : qui que vous soyez, petit ou grand, faible ou puissant, misérable ou riche, vous recevrez un accueil bienveillant. Il se souvient du jour où, humble solliciteur, il était accueilli comme on accueille les importuns et les malfaiteurs; il n'a pas oublié ses souffrances, et il est trop humain pour les faire subir à d'autres.

Dupuis a 54 ans : yeux doux et profonds, fortes moustaches grises, tombant à la façon de la moustache chinoise, front découvert : tels sont les principaux traits de cette physionomie qui respire la bonté, la droiture et en même temps l'énergie. Sa taille légèrement voûtée, ses traits fatigués, tout indique l'homme qui a souffert, horriblement souffert.

Il est facile, à ceux qui l'approchent, de s'expliquer la popularité dont il jouit dans le Tong-kin, popularité qui a survécu à ses désastres et à sa ruine, puisque les indigènes ont donné et continuent à donner, malgré les prohibitions et les menaces des mandarins, les noms de porte et de rue Dupuis, à la porte et à la rue donnant accès à son ancien cantonnement.

Il avait inspiré aux Tong-kinois une confiance sans bornes. Exemple : Un jour, les femmes de la campagne venues au marché eurent des difficultés avec quelques soldats de Garnier ; au marché suivant, elles vinrent s'installer en face des maisons Dupuis, sous la protection de ce dernier.

Mais cet homme bon, timide, d'apparence débonnaire, ne le grattez pas fort, vous trouveriez dessous le Jean Dupuis de 1873. Gardez-vous de lui parler des mandarins annamites et de ses persécuteurs ; vous verriez sa taille se redresser, ses yeux noirs s'allumer, ses lèvres frémir de colère. Vous reconnaîtriez le chef de la glorieuse expédition du Fleuve Rouge, faisant plusieurs milliers de lieues pour explorer une contrée inconnue, bravant les mandarins dans leurs forteresses et les brigands dans leurs tanières, pénétrant avec quelques hommes dans la citadelle de Lao-kai, le repaire du chef des Pavillons noirs, sans pouvoir jamais rencontrer ce dernier qui, à son approche, se cachait honteusement.

Ce qui frappe le plus chez Dupuis lorsque l'on a étudié son caractère, c'est l'énergie de sa volonté. Avant d'adopter un projet, il l'examine avec soin, le tourne, le fouille, le pèse longuement ; quand il l'a mûri et qu'il a minutieusement dressé son plan de campagne, il agit. Alors cet homme longtemps indécis marche, marche devant lui, droit au but, sans regarder à droite ni à gauche, brisant tous les obstacles qu'il rencontre. Si l'obstacle résiste, il le tourne ou le franchit, jamais il ne songera à reculer. Ce n'est que le jour où il a atteint son but qu'il se décide à prendre du repos.

Dans cet homme héroïque, il y a du Chinois. Son long séjour au milieu des peuples orientaux, l'a initié et peu à peu formé à leurs mœurs et à leurs usages. Comme les Chinois, et bien qu'ayant conscience de sa valeur, il s'efface devant les puissants, et cette excessive modestie lui a beaucoup nui dans ses revendications. On n'est pas habitué, en France, à entendre un homme parler de ses œuvres avec autant de simplicité et de modestie.

C'est en 1873 que Dupuis a été, par suite de manœuvres coupables, dépouillé de ses biens. Depuis dix ans, il supporte sa misère avec une dignité et un stoïcisme dignes des Anciens; ce qui l'afflige le plus, ce n'est pas sa propre détresse, c'est celle de ses anciens compagnons d'armes, de ses anciens soldats ou serviteurs qui lui ont apporté leur concours avec dévouement et courage, et qui, maintenant, attendent aussi avec impatience l'heure de la justice et de la réparation.

Cette heure tardera-t-elle encore longtemps?

Il y a plus de deux ans déjà, — c'était le 24 février 1881, —que le ministre de la marine et la Chambre des députés ont reconnu le bien fondé des réclamations de Dupuis.

Dernièrement encore, M. Blancsubé, député de la Cochinchine, disait, dans son rapport venu en discussion dans la séance du 15 mai dernier : « Il est temps que la décision de la Chambre relative à M. Dupuis, reçoive enfin son exécution. Il faut indemniser l'explorateur du Fleuve Rouge, des sacrifices qui lui ont été imposés et de ceux que, si patriotiquement, il s'est imposés à lui-même. »

Derrière les Christophe Colomb qui découvrent les mondes, il y a presque toujours les Améric Vespuce qui tirent parti de ces découvertes. Dupuis n'a pas encore obtenu la réparation qui lui est due, que déjà des intrigants, aussi puissants qu'habiles, cherchent à exploiter, à son détriment et au détriment du pays, les merveilleuses richesses découvertes par lui. D'ardentes convoitises sont allumées ; des machinations inavouables se trament dans l'ombre.

Mais l'opinion publique veille ; elle a déjà déjoué ces intrigues malhonnêtes. Elle ne permettra pas que l'illustre patriote qui a sacrfiié ses intérêts à ceux de son pays, avec un admirable désintéressement, devienne victime de l'inique *Sic vos non vobis*. Elle ne laissera pas cette bande de tripoteurs politico-financiers, user et abuser de leur situation matrimoniale, politique, gouvernementale ou autre, pour mettre leurs doigts crochus sur une contrée appelée à augmenter le patrimoine national.

Il faut qu'ils sachent bien, ces aigrefins de haute

lignée, que leurs plans ténébreux sont percés à jour, et que nos colonies sont destinées à être, non pas le fief de quelques intrigants sans pudeur, mais un champ ouvert à toutes les activités honnêtes.

Il n'est pas possible de prononcer le nom de Jean Dupuis, sans évoquer le souvenir de son lieutenant, qui le seconda avec tant de dévouement.

M. Ernest Millot est né à Aix-en-Othe, dans l'Aube, il y a environ quarante ans; il appartient à une des plus honorables familles de la contrée; il était parent du savant directeur de l'Observatoire, M. Delaunay.

C'est un homme de petite taille, râblé, vif, prompt à la parole et à la mimique, comme un Méridional; l'aspect est rébarbatif, mais sous une écorce rude, il y a un homme de cœur.

Son esprit entreprenant et actif le poussa en Chine et, en 1864, il fonda à Shang-haï un établissement commercial. Bientôt après, il fut nommé président du Conseil d'administration de la concession française.

C'est en 1866, dans cette ville, qu'il entra en relations avec M. Dupuis. En 1872, ils se rencontrèrent à Paris et M. Millot promit son concours à ce dernier, qui s'occupait alors de l'organisation de son expédition.

Nous ne rappellerons pas sa vaillante attitude au milieu des Annamites, pendant que son chef était remonté au Yunnan. Après avoir rempli à Saïgon la mission que lui avait confiée M. Dupuis auprès de l'amiral Dupré, M. Millot retourna à Shang-haï où l'appelaient ses affaires.

En 1879, il vint rejoindre à Paris, son chef qui, depuis trois ans avait entamé sa lutte homérique : depuis cette époque, il ne l'a pas quitté, combattant à ses côtés pour le succès de leur cause commune.

Qui donc connaît les diverses phases de cette lutte soutenue par ces deux hommes énergiques, persévérants, souvent repoussés, jamais rebutés, pour le triomphe de leurs droits et de la cause du Tong-kin?

Au mois d'avril dernier, ils entreprirent une fatigante et patriotique campagne.

Sur les sollicitations de plusieurs sociétés de géographie, ils parcoururent les principales villes du Nord, Douai, Cambrai, Arras, Rouen, Lille, Roubaix, Boulogne, pour provoquer dans ces centres industriels et éclairés, un mouvement en faveur de notre expansion coloniale, et faire connaître l'intéressante question du Tong-kin.

Des conférences organisées dans chacune de ces villes obtinrent un grand et légitime succès. L'orateur était M. Millot qui, peu habitué à l'art de parler en public, sut, à force de travail, d'études, de persévérants efforts, devenir un conférencier intéressant. Il martèle chacune de ses phrases, comme pour la faire mieux entrer dans l'esprit des auditeurs; son ardente conviction finit par gagner son public.

L'une des dernières conférences eut lieu à Paris,

le 7 mai dernier, sous le patronage de la Société des Études coloniales et maritimes. Nous ne pouvons résister au désir de rappeler les paroles prononcées, au moment de l'ouverture de la séance, par M. le vice-amiral Thomasset, président de la Société :

« Aujourd'hui notre conférence va porter sur le Tong-kin et le Fleuve Rouge. M. Millot, second de Jean Dupuis, va nous faire connaître ce pays dont on ne peut pas prononcer le nom, sans être profondément ému, en songeant aux héros, — et le mot n'est pas trop fort, — dont les exploits, comparables à tout ce qui s'est fait dans les conquêtes de tous les temps, ont préparé et assurent aujourd'hui le succès de notre entreprise. J'ai nommé M. Dupuis ; j'ai nommé le regretté Garnier et les compagnons qui, comme M. Millot, ne leur ont jamais ménagé le concours d'une énergie à toute épreuve et d'un inaltérable dévouement.

» Hélas ! si nous les avions écoutés à cette époque, si nous les avions soutenus, si nous avions eu leur foi, le Tong-kin serait depuis longtemps terre française. Mais j'estime, et vous penserez comme moi, qu'il ne sert à rien de récriminer contre le passé : il faut en tirer d'utiles enseignements pour l'avenir...

« Dans la poursuite du but qu'ils se proposaient, MM. Dupuis et Millot ont éprouvé de grands déboires, ont trouvé de grandes ingratitudes, ont eu bien des heures pénibles, mais j'en suis sûr, ils sont trop bons Français pour qu'aujourd'hui, en présence de ce qui se fait, ils n'aient point tout oublié. Pour nous, nous n'oublierons pas ce qu'ils ont fait. Que leur ténacité, que leur énergie soutenue, soient un exemple pour tous ! Nous le savons, le progrès, le succès se payent toujours très cher; mais le succès tôt ou tard, est la suprême récompense de ceux qui, comme M. Dupuis et comme M. Millot, ont tout sacrifié pour la grandeur de la Patrie. »

Ces paroles honorent autant ceux qui en sont l'objet, que celui qui les a prononcées : il a oublié qu'il appartenait à un corps jaloux et égoïste, pour se souvenir qu'il était Français avant tout.

Rendons hommage au patriotisme de MM. Dupuis et Millot. Ce sont leurs efforts et leur infatigable propagande qui ont fait connaître dans toute sa vérité, cette question du Tong-kin qui, malgré sa simplicité, était ignorée, même de nos gouvernants.

Ils font partie de cette pléïade d'hommes énergiques et forts qui compte parmi ses plus illustres membres, les de Lesseps, de Brazza, Paul Soleillet, Crevaux, et tant d'autres, à qui nous devons le réveil de l'initiative privée et de l'esprit national, et l'avènement d'une politique féconde, la politique d'expansion coloniale.

Honneur à ces ardents apôtres du progrès !

Puissent leurs efforts être couronnés d'un plein succès !

FIN

APPENDICE

APPENDICE

POLITIQUE DE LA FRANCE EN INDO-CHINE ET EN CHINE.

Après le retour en France de la mission qui, sous les ordres de M. Doudart de la Grée, explora le cours du Mé-kong (1866-1868), le gouvernement français fit publier la relation de ce voyage. Cette publication eut lieu sous la direction du célèbre Francis Garnier. Elle forme un monument d'érudition, de science géographique, ethnologique et géologique, qui a excité l'admiration des savants du monde entier.

Voici les conclusions de ce travail, publié par la maison Hachette, sous ce titre : *Voyage d'exploration en Indo-Chine*, par la Commission présidée par M. Doudart de la Grée :

« Lorsqu'on revient en France, après de longues années de séjour en pays lointain, pendant lesquelles on s'est trouvé mêlé, plus ou moins directement, à toutes les entreprises, à tous les efforts tentés à l'extérieur en vue de l'intérêt du pays, on reste singulièrement touché de la profonde indifférence du public pour tout ce qui se rattache à ce côté de la grandeur nationale qui, jusqu'alors, nous avait paru si intéressant et si nécessaire. Il semble qu'il n'y ait aucun lien entre les intérêts que l'on vient de défendre, et cette nation, jadis aventureuse, aujourd'hui tellement repliée sur elle-même, qu'elle ne songe même plus à chercher au dehors un aliment à son activité naturelle...

Nous vivons sans paraître nous en douter, à côté de populations innombrables et de contrées d'une richesse infinie, que la rapidité des communications a mises à nos portes. Alors que l'industrie des nations rivales sait aller y puiser les matières premières et y trouver les consommateurs qui la font vivre et prospérer, la nôtre, leur égale en habileté et en science, se restreint volontairement au seul marché de l'Europe, et ignore que la fortune attend ailleurs ses produits.

Les événements politiques du commencement du siècle et une centralisation excessive ont été complices de l'insuffisance de notre éducation. Nous nous sommes isolés du reste du monde, en nous figurant marcher à sa tête. Nos revers maritimes et le blocus continental ont rompu, sous le premier Empire, la chaîne de nos traditions coloniales ; l'action du gouvernement en tout et pour tout, s'est substituée à l'initiative individuelle. Alors qu'une puissante émigration conquiert au commerce et à l'influence de l'Angleterre les principaux débouchés du globe, les Français, satisfaits de vivre dans un pays qu'ils proclament le plus beau du monde, se ruent avec fureur vers les emplois officiels et les carrières dites libérales.

Ils dépensent, pour arriver à des positions mesquines et sans avenir, plus d'habileté et d'énergie qu'il n'en faudrait pour faire cent fois fortune à l'étranger...

Après les preuves de vitalité qu'a données notre pays, nous n'avons pas le droit de désespérer de son avenir. Il ne nous est permis d'abdiquer nulle part. Plus que jamais nous devons être présents sur tous les points du globe habité : le monde appartiendra à qui l'étudiera et le connaîtra le mieux.

L'importance et l'excellente situation commerciale de notre colonie de Cochinchine, font de Saïgon le point central de l'action française dans l'Extrême Orient. Les traités conclus avec la cour de Hué assurent, d'une manière définitive, la prépondérance de notre pavillon et de notre politique sur tout le littoral oriental de l'Indo-Chine, et remettent entre nos mains les destinées d'une race intelligente et souple, dont le caractère a de nombreux points de contact avec le nôtre, et dont l'assimilation semble devoir être aussi facile qu'elle sera avantageuse. Les Annamites sont doués, à l'instar de la race chinoise, de qualités expansives et colonisatrices excessivement remarquables. Leur prise de possession du Delta du Cambodge date à peine du commencement du siècle, et cette région est aujourd'hui une des mieux cultivées et une des plus riches des mers de Chine : tels sont les pionniers qui peuvent remplacer les colons qui nous manquent, et faire rayonner à l'intérieur de la péninsule indo-chinoise notre influence et notre commerce...

Rien de durable ne saurait se fonder par la force. Le véritable, le légitime conquérant est aujourd'hui la science. Seules, les populations que l'on a initiées à la civilisation, dont on a augmenté le bien-être ou les jouissances intellectuelles, peuvent, sans colère ou sans honte, reconnaître des vainqueurs. Sur ce terrain, la France peut prendre dès aujourd'hui d'éclatantes revanches. Les victoires qu'elle y remportera, si elle sait se souvenir et vouloir, enrichiront l'humanité et ne lui coûteront ni une goutte de sang, ni une larme.

C'est pour cela que l'on peut exposer sans détours ces programmes de conquête pacifique, et que la meilleure politique consiste à les avouer hautement. N'est-ce pas revendiquer sa part de l'un des plus hauts et des plus grands devoirs qui incombent aux nations civilisées ? En pareil cas, exciter la jalousie, c'est réveiller l'émulation et hâter les progrès de la civilisation générale. Qui pourrait soutenir qu'avoir abandonné plus d'un demi-siècle cette mission d'initiateurs, à laquelle la nature semble nous avoir prédestinés par nos qualités comme par nos défauts, n'est point une des causes de notre décadence momentanée ? L'Angleterre, qui s'est résolument emparée de ce rôle en Asie, et dont la politique pacifique n'inspire en Europe que du dédain, peut songer sans effroi à l'avenir, en regardant ses deux cent millions de sujets hindous progresser rapidement, sous les institutions libérales qu'elle leur a données.

Nous pouvons encore, si nous le voulons, retrouver en Indo-Chine l'empire colonial que Dupleix avait rêvé pour nous dans l'Inde. Notre industrie et notre commerce, épuisés par tant de sacrifices, compromis par tant de lourdes charges, peuvent y retrouver les débouchés et les éléments de richesse suffisants pour leur permettre de lutter avantageusement avec les industries et les commerces rivaux...

Tentons aujourd'hui, par tous les moyens possibles, de réveiller dans notre pays l'esprit d'initiative ; le caractère national se relèvera dans les entreprises lointaines, en utilisant au bénéfice de la patrie, des facultés et des énergies qui, en France, abandonnées à elles-mêmes, s'étiolent stériles ou grandissent dangereuses. »

SOCIÉTÉS SAVANTES

Réunion des délégués à la Sorbonne. — Section des sciences naturelles et des sciences géographiques.

Extrait du procès-verbal de la séance du 28 mars 1883.

M. Petiton, ancien ingénieur à Saïgon, communique le résultat de ses explorations géologiques dans l'Indo-Chine :

« Il est impossible de parler de la Cochinchine française, sans dire quelques mots d'une question vitale pour notre grande colonie de l'Indo-Chine ; nous voulons parler de la question du Tong-kin. L'empereur d'Annam nous a, par un traité, ouvert le Tong-kin, mais ce traité n'est pas exécuté par les mandarins annamites, et nous devons par l'occupation d'un certain nombre de points du Tong-kin, assurer l'exécution du susdit traité. L'intérêt de cette occupation est multiple.

» Le Tong-kin est un pays riche, qui produit beaucoup de riz et qui peut doubler facilement sa production. Il y aura, par suite de l'exportation considérable du riz notamment, et des autres produits de l'agriculture du pays, des droits de douane très élevés à percevoir.

» Les richesses minières du Tong-kin sont très importantes ; il y a par suite de grandes exploitations à installer dans ce pays. Il y aura aussi des droits considérables de douane à percevoir sur les produits qui pourront arriver des provinces de Chine par le Fleuve Rouge.

» Nous tenons actuellement la Cochinchine française, nous tiendrons le Tong-kin, c'est-à-dire les deux greniers qui nourrissent les habitants de l'Annam proprement dit. L'Empereur d'Annam, quand il nous verra établis solidement, et dans la Cochinchine française, et dans le Tong-kin, sera bien obligé, par suite, d'avoir avec nous une ligne de conduite nette, tout à fait contraire aux habitudes tortueuses de la cour de Hué.

UNION NATIONALE DU COMMERCE ET DE L'INDUSTRIE.

Causeries-conférences de géographie commerciale et industrielle, organisées par la Chambre syndicale des négociants commissionnaires.

Extrait du procès-verbal de la séance du 25 novembre 1882.

M. Lourdelet, président du comité d'organisation des conférences :

« La France, si bien pourvue sous le rapport du littoral, puisqu'elle a un développement de frontières maritimes de beaucoup supérieur à celui de ses frontières terrestres, la France aurait été mieux avisée si elle avait suivi une politique coloniale, si elle avait cherché à développer sa marine. Elle semble, en effet, indiquée pour être une grande puissance maritime, dont les vaisseaux innombrables iraient porter au loin les produits de son industrie et les bienfaits de sa civilisation. C'était là, messieurs, son véritable rôle politique. Il est regrettable que les pouvoirs qui dirigeaient ses destinées ne l'aient pas compris.

» Si, au lieu de répandre tant de sang sur les champs de bataille de l'Europe, si, au lieu de dépenser tant de millions et de poursuivre le rêve chimérique d'un empire continental, on avait suivi une politique coloniale, notre marine aujourd'hui serait puissante, sans rivale même, notre commerce serait en plein essor, et trouverait dans nos colonies des débouchés larges et assurés. (*Applaudissements.*)

» Messieurs, la géographie s'impose à notre étude, nous devons lui donner tous nos soins et suivre d'un œil attentif ce qui ce passe chez tous les peuples... »

M. Millot, second de l'expédition Dupuis, après avoir fait connaître les productions du Tong-kin et les avantages du transit par le Fleuve Rouge continue ainsi :

« La bonté du climat du Tong-kin permettra aux troupes stationnaires de Cochinchine, de faire des séjours plus ou moins prolongés dans ce pays, pour se refaire du climat énervant de Saïgon, climat si meurtrier pour les Européens, à l'instar de l'Angleterre, qui envoie au Cap les soldats anglais rendus malades par le climat des Indes.

» Le Tong-kin, qui est la Pologne de l'Extrême Orient, aspire à se débarrasser de ses oppresseurs ; le peuple nous tend les bras.

» Les circonstances semblent nous favoriser d'une manière particulière. Nous nous trouvons en présence d'un gouvernement et de fonctionnaires dont la corruption a entraîné la désorganisation complète de l'armée, de la marine et des finances. L'Annam est un royaume qui s'écroule.

» La conquête du Tong-kin par Francis Garnier et Dupuis en 1873, avec une centaine d'hommes, la prise plus récente de la citadelle d'Ha-noï par le commandant Rivière, démontrent de la façon la plus péremptoire, sans qu'il soit besoin d'insister davantage, l'impuissance de l'Annam.

» Les soulèvements partiels qui ont éclaté au Tong-kin, en 1857 et 1858, sous le règne de Tu-duc, le roi actuel, la grande insurrection de 1861, qui pendant cinq ans fit trembler le trône du roi d'Annam, les insurrections de 1874, attestent le vif désir qu'ont les populations tong-kinoises de secouer le joug abhorré des mandarins de la cour de Hué.

» En intervenant au Tong-kin, la France fait donc aussi œuvre de civilisation. Nous trouverons là des populations toutes préparées à recevoir nos idées. »

. . . .

« En finissant, mesdames et messieurs, arrêtons-nous un instant sur l'importance du nouvel empire colonial que nous désirons si ardemment voir fonder. Une fois en possession du Tong-kin, facile d'ailleurs à défendre contre ses anciens maîtres, puisqu'il est séparé de la Cochinchine par une sorte de Pyrénées, ce dernier État, privé de ses principales ressources, ne tarderait pas à tomber sous notre domination.

» L'Annam, alors réuni à notre colonie de Saïgon et au Cambodge, formerait un tout d'une superficie d'environ 400,000 kilomètres carrés (celle de la France est de 527,000), avec une population de plus de 20 millions d'habitants. Tous ces États réunis sous notre domination, constitueraient dès lors un groupe solide, d'où fortement assise, la politique française pourrait observer la marche des événements qui peuvent, à un moment donné, décomposer les empires asiatiques voisins. Nous aurions dans la mer de Chine les plus beaux ports du monde.

» Saïgon supplanterait Singapour et deviendrait l'entrepôt d'un grand commerce, le jour où l'isthme de Krâ, qui ferme la longue presqu'île de Malacca, viendrait, — ce qui n'est pas éloigné, puisque M. de Lesseps s'en occupe, — à s'ouvrir à un canal maritime.

» Alors la France, assise aux bouches du Mé-kong et du Fleuve Rouge, joignant le Siam, le Laos, le Yunnan et le Kouang-si, communiquant avec ces riches contrées par des cours d'eau navigables, possèderait bien dans la mer de Chine, l'empire colonial que Dupleix avait rêvé pour elle sur les bords de l'océan Indien. Ce serait l'éternel honneur de M. Dupuis d'y avoir contribué. (*Applaudissements prolongés.*)

M. le Président. — Mesdames et messieurs, ma tâche serait incomplète ce soir si je n'adressais, au nom de cette assemblée et au nom de la Chambre syndicale des Négociants-Commissionnaires, de sincères remerciements à M. Ernest Millot, pour le travail si complet, si rempli de faits et d'informations, dont il a bien voulu nous donner connaissance. Je crois également qu'il est du devoir de la Chambre syndicale des Négociants-Commissionnaires d'adresser à M. Jean Dupuis, l'expression de sa reconnaissance et de sa gratitude, je dirai même l'expression de son admiration. (*Applaudissements.*) Il est de ces hommes qui vont porter au loin le pavillon français, et vous savez que sous ce pavillon s'abritent toujours les grands principes de l'humanité. Je dirai donc à M. Dupuis qu'il a fait une œuvre féconde, et que j'espère que la réunion de ce soir lui prouvera que le commerce français, dont vous êtes ici les dignes représentants, lui prêtera son concours.

» J'ajouterai, dussé-je blesser sa modestie, que des hommes de son mérite et de son énergie doivent un jour trouver la récompense qui leur est due, c'est-à-dire que son nom sera tracé dans les annales de l'histoire parmi les plus illustres, parmi ceux des bienfaiteurs de l'humanité. » (*Vifs applaudissements.*)

ETHNOGRAPHIE

Extrait d'une notice sur le Tong-kin, par M. Romanet du Caillaud. (Voir *Bulletin de la Société de géographie.*)

Au sud-est de Hung-hoa, commence le massif montagneux dominé par le mont Tan-vien. C'est dans la partie septentrionale de ce massif, dans le Nho-quan, département occidental de la province de Ninh-binh, qu'habite une des races les plus intéressantes du Tong-kin. Je veux parler de la race Muong, l'ancienne race aborigène, d'où est sortie la race annamite; mais elle n'a pas été, comme celle-ci, modifiée par l'infusion du sang chinois et par la civilisation du Céleste Empire.

L'idiome des Muong est un patois similaire de la langue annamite; toutefois ils le prononcent d'une manière si étrange, qu'il est absolument inintelligible pour les Annamites.

Les Muong se distinguent encore des Annamites par un teint plus blanc, une taille plus haute, un caractère plus simple et plus franc.

Grands chasseurs, adonnés à l'exploitation des forêts et à l'élève du bétail, ils méprisent les cultivateurs de la plaine : c'est le mépris du *highlander* pour le *lowlander* d'Écosse. Ils sont divisés en tribus, ont leurs princes, leur aristocratie, ce qui n'existe nulle part chez les Annamites.

Mais, dans le Nho-quan, les privilèges de cette aristocratie ne sont plus effectifs. Là, en effet, les Muong sont soumis à la centralisation administrative de l'Annam; leurs princes n'ont plus qu'un vain titre et sont, comme les autres, subordonnés aux fonctionnaires annamites.

Les Muong, même soumis, jouissent pourtant d'une importante prérogative, que n'ont point les Annamites de race : ils peuvent posséder et porter des fusils. Ils les fabriquent eux-mêmes et les enrichissent d'incrustations d'argent; ces fusils n'ont point de crosse et s'appuient sur la joue. Aussi, plus d'une fois le recul du fusil blesse-t-il au visage le tireur muong. Parmi les autres armes en usage chez ce peuple, on remarque des arcs en corne de buffle et des arbalètes très puissantes.

La race muong forme une petite nation de trois à quatre cent mille hommes; nécessairement cette petite nation a dû jouer un certain rôle dans l'histoire annamite.....

L'assimilation des Muong du Nho-quan aux Annamites de race, est loin d'être un fait accompli, ainsi qu'on a pu le voir précédemment. Les Muong ne souhaitent rien tant qu'une occasion de reconquérir leur indépendance. Aussi, lors de l'intervention de 1873-1874, les Français qui occupèrent la province de Ninh-binh, ont trouvé parmi eux les auxiliaires les plus dévoués.

Enfin, tout à fait à l'ouest, en face du Nghê-an et

du Thanh-hoâ, dans les montagnes qui séparent ces provinces du bassin de Mé-kong, il existe un pays laotien dépendant de l'Annam, organisé même suivant les principes de sa centralisation : je veux parler du Trân-ninh.

Ses habitants doivent être des émigrés de Viên-chan, qui, réfugiés dans ces montagnes lors de la destruction de leur royaume par les Siamois, se mirent sous la protection de la cour d'Annam. Ces Laotiens ont toute la ferveur bouddhique de leurs compatriotes des bords du Mé-kong.

Les abords du Trân-ninh sont très malsains et, pour faire le service du *tram* (poste royale), le gouvernement annamite a dû créer des villages, en déportant dans les montagnes qui séparent ce pays des derniers postes du Nghê-an, des sauvages Quan-mèo, faits prisonniers dans le Tong-kin septentrional.

Mais vers la fin de 1874, ces Mèo s'insurgèrent et, alliés à des Chinois, échappés sans doute au désastre de la bande des Pavillons jaunes, ils ravagèrent le Trân-ninh. Ils menaçaient en même temps et le Nghê-an et le Laos Siamos. Un moment la panique régna à Bang-kok : on y leva des troupes en toute hâte. Une grande bataille se livra sur les bords du Mé-kong : les Siamois furent vainqueurs et les envahisseurs du Trân-ninh exterminés.

La race dominante au Tong-kin est la race annamite ; elle compte de quinze à vingt millions d'individus, répandus dans la plaine et le creux des vallées.

Sa fécondité est admirable; sur les territoires qu'elle occupe, la densité de la population paraît être trois fois plus considérable qu'en France.

Sobres, laborieux, intelligents, reconnaissants pour leurs bienfaiteurs, charitables envers les malheureux, dociles et soumis quand on les traite avec bonté, vindicatifs mais sachant pardonner à la moindre satisfaction, patients au milieu des revers et des infirmités, les Annamites du Tong-king sont une des races les plus heureusement douées de l'Extrême Orient. Leur aptitude pour le commerce est remarquable; mais le régime despotique, sous lequel ils vivent, leur impose des entraves de toutes sortes. C'est à ce même régime despotique qu'il faut attribuer le développement de leur principal défaut, la fourberie.

Au reste, « entre les diverses localités il existe souvent une grande différence de caractères. Certaines populations sont très honnêtes et très simples; d'autres sont corrompues en masse. La classe la meilleure est celle des agriculteurs; la pire est celle des mandarins ».

Tel est, esquissé à grands traits, le caractère de la race annamite.

Elle semble être issue des montagnards Muong: mais de nombreuses alliances avec la race chinoise, l'adoption du régime administratif et de la littérature du Céleste Empire, enfin la culture d'un sol marécageux ont profondément modifié son caractère primitif.....

Depuis l'année 109 avant Jésus-Christ jusqu'au commencement du dixième siècle de notre ère (c'est-à-dire pendant plus de mille ans), la domination chinoise eut le temps de façonner la race annamite sur le modèle des populations du Céleste Empire. Par la centralisation administrative, l'influence des anciennes familles féodales fut détruite ; l'étude des caractères chinois et de la littérature chinoise fit surgir une nouvelle aristocratie, celle des lettrés, aristocratie toute personnelle, car elle est fondée sur le concours.

En même temps, le territoire conquis était envahi par des bandes d'émigrants venus de tous les points du Céleste Empire : fonctionnaires et lettrés, soldats et marchands, partisans des dynasties déchues, aventuriers de toutes sortes.

C'est ainsi que s'est formée la race annamite : dans les premiers âges, union des tribus des montagnes du Sud-Ouest et de celles des bords de la mer sous des princes des montagnes du Nord ; enfin, invasions chinoises et modification de la race annamite primitive par une domination chinoise de onze siècles.

La race annamite est donc formée : elle est prête pour l'indépendance ; même sa soumission à l'empire chinois vient de faire donner au pays qu'elle habite ce nom de « *Paix du Midi* » Annam, qui sera dès lors son nom national.

GÉOLOGIE

Une mission dans l'Indo-Chine, par M. Edmond Fuchs, ingénieur en chef des mines. Voir *La Revue scientifique,* du 21 avril 1883.

Mon voyage ne s'est composé que de trois explorations, mais ces trois explorations m'ont fait voir précisément le pays sous ses trois aspects les plus caractéristiques.

La première a eu lieu au milieu de l'Annam. Après un court séjour à Saïgon, je suis parti sur l'*Antilope* pour aller à Hué. Après une rapide exploration géologique des baies de Quine-hone, de Tourane, de Chou-may et de Te-yen, nous sommes arrivés dans la capitale de l'Annam.

De Hué, nous nous sommes rendus, en remontant le fleuve de Tourane, qui se jette, un peu plus au sud, dans la baie de ce nom, jusqu'au pied et même jusqu'à une certaine profondeur dans la chaîne de montagnes de la côte.

Notre seconde excursion nous a conduits au Tongkin. Là, nous avons parcouru tout ce vaste archipel, formé par plusieurs millions d'îlots de calcaire-marbre, au bord duquel se trouve le grand bassin houiller de la côte, qui était le but de notre exploration. Une série de courses communes nous en a rapidement révélé l'importance, et nous a décidés à faire exécuter quelques fouilles profondes sur les affleurements les plus importants et les mieux situés. Mon compagnon s'est alors installé au centre du bassin et en a fait la carte, en même temps qu'il dirigeait les travaux d'exploration exécutés par des ouvriers annamites et chinois.

Après une série de tournées communes, je suis entré plus avant dans l'intérieur du pays, et j'ai exploré les régions aurifères qui sont situées plus particulièrement dans la province de Mi-duc.

Les mandarins, malgré les instructions officielles de Hué, déclaraient effrontément qu'il n'y avait point d'or dans le pays, qu'ils n'avaient jamais entendu parler de gisements de ce métal, alors que nous savions, d'autre part, qu'ils sévissaient avec dureté contre les orpailleurs..

Nous devons à Mgr Puginier, évêque de Ké-sõ, centre de la grande communauté chrétienne du Tong-kin, qui nous a fourni des guides intelligents, et à M. Kergaradec, notre vaillant consul de Hâ-noi, qui a bien voulu nous accompagner, d'avoir pu explorer une partie de la province de Mi-duc, et j'ai eu la bonne fortune d'y découvrir des gisements aurifères qui paraissent présenter une importance sérieuse.

De là, je me suis dirigé vers la frontière nord-est du Tong-kin, où un grand gîte d'antimoine m'était signalé par des marchands chinois, à trois journées de marche au nord de Monk-haï. Malheureusement je trouvai dans cette ville le chef des rebelles, Lu-

Wing-Phuoc, avec une partie importante de sa troupe, et le passage me fut impitoyablement refusé.

Je rejoignis donc mon compagnon dans le bassin houiller de Hon-gâc, et après avoir fait une dernière tournée et achevé le relevé des gisements houillers, nous sommes revenus à Saïgon, d'où nous sommes repartis, dès le lendemain de notre arrivée, pour nous rendre au Cambodge et faire notre troisième et dernière exploration.

Elle avait pour but l'étude du grand gîte de fer de Ph'nom-deck, qui se trouve au nord des Grands Lacs, à 75 kilomètres environ de Compong-thôm. Ce gîte a été le point extrême de notre voyage, et, après une courte visite aux ruines d'Ang-koor, complétée par une exploration géologique de la région avoisinante, nous sommes revenus à Saïgon et de là en Europe.

Du reste, mon exploration était terminée, le but de ma mission était atteint : une série de bassins houillers parallèles à la côte avaient été découverts et relevés topographiquement et géologiquement, ainsi que de puissants gîtes de fer et un district aurifère d'une sérieuse importance.

C'est de ces résultats techniques qu'il me reste à vous dire quelques mots maintenant.

Quelles sont maintenant les substances industriellement utilisables contenues dans les diverses formations géologiques de la presqu'île indo-chinoise?

Elles se réduisent, dans les parties voisines de la côte, à trois seulement : la houille, l'or et le fer ; les autres métaux, notamment le cuivre et le zinc, ne se trouvent qu'à de grandes distances dans l'intérieur des terres.

La houille est, comme nous l'avons dit, contenue dans une puissante formation superposée au calcaire carbonifère qui forme, principalement au Tong-kin, des bassins importants dont la superficie est comparable à celle des grands bassins houillers de la France.

La seconde des matières utiles dont nous avons constaté, au cours de notre mission, l'existence dans des proportions qui la rendent industriellement utilisable, est le *fer*. Nous avons indiqué, il y a un instant, la présence de ce corps en quantité considérable dans le terrain dévonien et dans les bassins houillers ; toutefois l'utilisation de ces masses est encore lointaine et ne doit être envisagée que comme une conséquence éventuelle de la mise en valeur des gîtes houillers.

En revanche, le gîte de Ph'nom-deck, que nous avons étudié au Cambodge, nous paraît susceptible d'une utilisation plus immédiate. Ce gîte forme, à la limite nord de la plaine alluviale du bassin des Grands-Lacs, un amas filonien au milieu d'un porphyre quartzifère recoupant lui-même un massif de granulite.

Ces minerais sont utilisés dès aujourd'hui par les

Khouys, qui en retirent un fer de qualité exceptionnelle; ce fer n'est pas estimé moins de un franc quarante le kilogramme dans le pays même, et les minerais dont il est extrait se prêteraient admirablement à la fabrication des aciers Bessemer ou Martin.

D'autre part, la présence d'immenses forêts vierges, tout à l'entour du gîte de P'nom-Deck, nous permet de regarder comme rationnelle la création de l'industrie métallurgique du fer dans notre colonie; des hauts fourneaux au bois seraient établis au pied même du gîte, tandis que les usines de transformation de la fonte en produits aciéreux seraient, au contraire, installées à Saïgon, où sont déjà concentrés de grands établissements industriels et notamment un arsenal et des ateliers de construction et de réparation.

La troisième richesse minérale du sol de l'Indo-Chine est *l'or*. Il n'était connu, jusqu'à notre visite, qu'à l'état de paillettes ou de pépites disséminées au milieu des alluvions des rivières. Le Fleuve Rouge, avec ses deux grands affluents, la Rivière Noire et la rivière Claire, et surtout le Mé-kong, sont, depuis des siècles, connus pour la richesse de leurs alluvions; ces alluvions sont exploitées par les habitants à l'aide de lavages à la battée, ce procédé primitif employé par les orpailleurs de tous les temps et de tous les pays, avant l'introduction des procédés techniques de l'exploitation des mines...

Au Tong-kin, nous avons exploré nous-même la

région de Mi-duc, sur le Song-dou, signalée pour sa richesse aurifère, et malgré le mauvais vouloir absolu des fonctionnaires annamites, malgré la terreur des populations intimidées par les menaces des fonctionnaires et par les lois draconiennes édictées par la cour de Hué contre les orpailleurs, nous avons pu nous faire une idée sommaire des conditions de gisement de ce métal précieux...

Je considère la constatation de l'existence de filons de quartz aurifère, dans la province de Mi-duc, en dehors de la présence de l'or en paillettes et en pépites dans les alluvions, comme un des résultats les plus importants de notre voyage, et l'exploitation de cette région, entreprise dans des conditions moins désavantageuses que celles dans lesquelles nous nous étions placés, nous paraît un *desideratum* sérieux auquel il faudra songer à donner satisfaction, lorsque le Tong-kin sera soustrait à l'autorité des mandarins annamites.

La houille, le fer et l'or, telles sont donc les substances minérales utiles dont nous avons constaté la présence au cours de notre mission. Nous ne sommes pas remontés assez haut sur le Mé-kong et le Fleuve Rouge, pour atteindre les gîtes d'étain, dont les plus importants sont d'ailleurs situés en Chine, dans le Yunnan.

CHAMBRE DES DÉPUTÉS

Annexe au procès-verbal de la séance du 14 *juin* 1879.

Extrait du rapport fait sur la pétition de Jean Dupuis, citoyen français, par M. Bouchet, député.

L'opinion de la majorité, messieurs, est que la réclamation du pétitionnaire est fondée, et que l'administration atténue en plus d'un point, l'importance des actes de ses agents...

On ne manquera pas de reprocher à votre Commission d'avoir indiscrètement, témérairement, déchiré bien des voiles, d'avoir, dans un intérêt particulier, compromis peut-être nos relations avec notre nouvel allié l'Annam, en citant certains documents.

D'avance nous répondrons à ce grief, que le respect de l'Annam envers les traités ne nous paraît point assez scrupuleux, pour lui sacrifier la justice due à l'un de nos nationaux.

Que, toutefois, soucieux de ne soulever aucune récrimination étrangère, nous avons, au préalable et depuis longtemps, soumis ce rapport au ministre de la marine, avant de le faire imprimer et d'ouvrir un débat que nous aurions désiré éviter.

Nous espérons vous avoir démontré la justice des

prétentions de M. Dupuis, qui peuvent se résumer ainsi :

A l'égard du gouvernement annamite :

Droit à une indemnité reconnue par les agents français, pour refus d'obtempérer aux ordres régulièrement donnés par l'autorité supérieure du vice-roi de Canton ; sévices de toute nature ; attaques à main armée ; le tout ayant occasionné des retards qui ont fait échouer les entreprises commerciales de M. Dupuis.

A l'égard de l'administration coloniale de la Cochinchine :

Droit à une indemnité pour : expulsion violente du Tong-kin, d'une expédition commerciale entreprise avec l'agrément et le concours plusieurs fois affirmé de l'administration ;

Séquestre de cette expédition pendant vingt mois ;

Refus de la libérer, après les traités facilités par cette même expédition.

Par ces causes :

Ruine absolue du pétionnaire ;

Impossibilité pour lui, non seulement de se libérer des dettes considérables qu'il avait contractées, en vue de ces opérations de négoce, et sur les assurances données par le gouverneur colonial, mais encore de retourner en Chine, auprès d'un mandarin, et sous l'autorité d'un gouvernement qui peuvent se croire abusés par lui.

Il n'appartient pas à votre commission, messieurs,

d'évaluer ces divers motifs d'indemnité ou de créance, dont le montant ne saurait être débattu qu'entre M. le ministre de la marine et le pétitionnaire...

Nous avons tout lieu d'espérer qu'une entente se fera entre l'administration de la marine et M. Dupuis, d'autant plus facilement que le ministère reconnaît, dans une certaine mesure, que l'expédition Dupuis n'a pas été étrangère à la conclusion de notre traité avec l'Annam.

— Dans un exposé qui a précédé la discussion des griefs articulés par M. Dupuis, M. Bouchet a dit :

« Nous nous plaisons à reconnaître que la parfaite loyauté, le patriotisme du pétitionnaire, si durement traité par M. l'amiral Duperré, entre autres, sont hautement reconnus et affirmés par des personnages considérables, tels que MM. de Chappedelaine et de Thiersant, consuls généraux ; M. le général de Trentinian, M. Dutreuil de Rhins, officier de marine, et M. Jouslin, procureur de la République à Saïgon.

BULLETIN DE LA SOCIÉTÉ DE GÉOGRAPHIE COMMERCIALE DE PARIS

Extrait d'une communication faite par M. Romanet du Caillaud, sur *les produits du Tong-kin.*

PRODUITS. — VOIES DE COMMUNICATION. — VOIES A CRÉER.

Conclusion. — Nécessité d'une exploitation commerciale.

« Afin d'apprécier d'une manière plus pertinente les richesses si peu exploitées du Tong-kin et des pays environnants, et de reconnaître d'une manière complète leurs débouchés, il est nécesssaire que le commerce français envoie dans ces contrées une commission d'exploration.

Dans ce but, il devrait se fonder, à un capital de quelques centaines de mille francs, une *Société d'exploration du Tong-kin et de la Chine centrale.*

Plus tard, lorsque par ses délégués, cette Société aurait obtenu des concessions de mines, de forêts, de terres, aurait conclu des marchés d'achat ou de fournitures, elle pourrait, par un appel de fonds, se transformer en une Société d'exploitation.

C'est ainsi qu'avaient procédé les fondateurs de la Compagnie de Madagascar, laquelle malheureusement ne put aboutir, par suite de l'assassinat de Radama II. De même, l'illustre M. de Lesseps, avant de créer la Société du canal de Panama, l'a fait précéder d'une Société d'études, qui a envoyé dans l'isthme une commission scientifique explorer les meilleurs tracés.

S'il se formait une semblable Société d'exploration pour le Tong-kin et la Chine centrale, le chef de la commission qu'elle devrait envoyer en ces contrées est tout indiqué d'avance : c'est M. Dupuis.

En effet, cette exploitation commerciale ne peut être conduite avec succès, si elle n'est dirigée par un homme qui connaisse déjà le pays, ait l'habitude de traiter avec les mandarins chinois et puisse le faire sans interprète.

Or, M. Dupuis était lié, non seulement avec les mandarins de l'Yunnan, mais encore avec un grand nombre de chefs montagnards de cette province, avec les négociants de Mang-hao, aussi bien qu'avec les membres de la colonie chinoise de Ha-noï. Parlant le chinois comme sa langue maternelle, il avait pu entrer en relations directes, tant avec les Chinois qu'avec les montagnards (1) ; et par son caractère courageux, persévérant et loyal, il avait su conquérir toutes leurs sympathies. Avec ces négociants, avec les mandarins et les chefs montagnards de l'Yunnan, il avait passé des marchés pour des fournitures importantes, pour l'exploitation de riches districts miniers (2).

(1) Les chefs et les notables montagnards de l'Yunnan comprennent la langue mandarine, c'est-à-dire le dialecte de Pékin.

(2) *Histoire de l'intervention française au Tong-kin*, p. 313.

Ses anciennes opérations avec l'Yunnan et le Tong-kin, M. Dupuis peut facilement les reprendre. Parmi les mandarins qu'il a connus en Yunnan, beaucoup y sont encore; les chefs et les notables montagnards sont toujours dans le pays. Quant aux Chinois de Ha-noï et de Mang-hao, ils salueraient son retour avec enthousiasme.

Ainsi, nul mieux que M. Dupuis n'est apte à diriger une exploration commerciale du haut Tong-kin et de l'Yunnan.

Puissent les capitaux français qui s'égarent si souvent sur des titres sans valeur, venir féconder une entreprise qui importe tant à la grandeur coloniale de notre patrie! »

CHAMBRE DES DÉPUTÉS

Annexe au procès-verbal de la séance du 10 *mai* 1883.

Extrait du rapport fait par M. Blancsubé, député, au nom de la commission chargée d'examiner le projet de loi portant ouverture d'un crédit, pour le *service du Tong-kin.*

Il y a quatre-vingts ans à peu près, le Tong-kin était riche et heureux. Sa population, plus dense encore qu'elle ne l'est aujourd'hui, tirait d'un sol merveilleusement fertile, deux récoltes annuelles. Le commerce y était très actif, les jonques tong-kinoises se montraient dans les divers ports de la Chine, elles remontaient jusqu'au Japon et on les rencontrait dans le détroit de Malacca. Le pays était le lieu naturel du transit de tous les produits du Yunnan, du Kouan-si, du Sée-tchouen et du Laos ; l'industrie était très florissante, les tissus de soie, les brocarts d'or et d'argent, les éclatantes tentures, les gracieux et légers bijoux en filigrane, les jolis meubles incrustés de nacre, la céramique, tous les arts connus en Orient étaient là en honneur. Des mines fort riches et très nombreuses, presque abandonnées aujourd'hui, étaient en pleine exploitation. La prospérité était générale; c'était l'âge d'or pour ce peuple si doux et si sympathique. Et puis, il vivait libre du joug de l'étranger, faisant respecter son indépendance à la fois par les Annamites et par les Chinois, qui aspirèrent souvent à le dominer.

Au commencement du siècle, une guerre malheureuse livra le pays aux Annamites. Leur domination débuta par le massacre de tous ceux des membres de la famille royale des Lê dont ils purent s'emparer, et avec eux, des principaux mandarins, de leurs plus fidèles partisans. Tous ceux qui, quoique peu au dessus des autres par la naissance, par la fortune ou par le savoir, eussent pu se mettre à la tête du peuple pour revendiquer l'indépendance, furent exilés, persécutés, mis à mort, sous les plus frivoles prétextes.

Les Annamites, en un mot, pratiquèrent impitoyablement cette politique que l'histoire prête au dernier des Tarquin, et ils trouvèrent toujours le moyen d'abattre toute tête qui s'élevait un peu au-dessus du vulgaire.

Le peuple, terrorisé et sans chef, se révolta néanmoins plusieurs fois contre ses bourreaux, mais il fut vaincu par ceux qui avaient pour eux la discipline et l'organisation ; ces tentatives, chaque fois réprimées par des torrents de sang, donnèrent à l'oppresseur l'occasion de passer une fois de plus son terrible niveau, et de redoubler l'épouvante des vaincus, par le spectacle de ces atroces supplices dont le code annamite nous donne un terrible aperçu.

Aussi, messieurs, quels trésors de haine s'étaient accumulés au cœur des opprimés !

Les traités de 1874 n'ont en effet pas mis fin à la savante persécution dont nous venons de parler, et sous laquelle gémissent les Tong-kinois. Aussi ont-ils toujours la même haine implacable, invincible ; aussi veulent-ils toujours briser tout lien entre eux et le séculaire oppresseur ; aussi, malgré cet affreux souvenir de Philastre, attendent-ils encore de nous leur libération, prêts à se jeter dans nos bras, mais prêts aussi, il faut bien le dire, à se donner à quiconque, à notre défaut, leur promettra la délivrance.

Cet état des choses et des esprits au Tong-kin est constaté par tous ceux qui ont vu de près, et la presse de toute nationalité en Chine, au Japon et dans toutes ces régions, ne se fait pas faute de le reconnaître. « Les Tong-kinois sont bien décidément pour la France, dit un journal anglais de Shang-haï, citant son confrère de Hong-kong, les mandarins d'Hué, sont cruels et rapaces; les soi-disant libérateurs chinois sont arrivés comme une bande de voleurs, prêts à faire cause commune avec les pirates. Sans contredit, dans ces circonstances, la partie est actuellement gagnée par la France ; toute indécision amoindrirait son prestige dans l'Extrême Orient, d'une façon presque irréparable, et, avec son prestige, ses intérêts politiques et commerciaux.

Il résulte du fidèle exposé des faits qui précède, qu'il ne s'agit dans cette affaire ni d'expédition dangereuse, difficile, ruineuse, ni d'aventure dont on ne peut calculer les conséquences. Comparer le Tong-kin au Mexique, à la Tunisie ou même au Cayor, c'est comparer entre elles des situations absolument dissemblables. Là, nous nous sommes trouvés en présence de races bien différentes et dans des conditions qui n'ont rien de comparable : au Mexique, nous allions imposer à un peuple fier, impatient du joug, à un peuple de notre race, une forme de gouvernement dont il ne voulait pas, et le joug d'un prince étranger; en Tunisie, au Cayor même, nous nous sommes trouvés en présence de gouvernements réguliers, auxquels nous voulions enlever une partie au moins de leur indépendance, en imposant un protectorat que nous jugions indispensable pour la sécurité de nos frontières, pour la tranquillité de nos possessions; au Tonkin, nous répondons à l'appel d'un peuple qui soupire après sa délivrance, nous nous présentons à lui, non en ennemi, mais en libérateur. Nous ne nous trouvons pas au milieu d'une population hostile, mais au milieu d'un peuple qui nous aime et qui nous attend. Ah! certes, la différence est grande! Qu'y-a-t-il de commun, en effet, entre l'expédition qu'on appela la grande pensée du règne, et l'énergique rappel fait à un peuple inférieur, du respect des traités?

Le mot expédition, prononcé quelquefois, définit mal la portée que doit avoir notre action. Ce que nous devons faire aujourd'hui, c'est nous établir solidement au Tong-kin, affirmer énergiquement notre intention de nous y maintenir, ne plus reculer comme en 1873, abandonnant une population qui eut ensuite tant à souffrir, de la sympathie même qu'elle nous avait témoignée.

. . . .

Assurément, on le voit, notre intérêt est bien de nous assurer dans ce pays un rôle prépondérant. Les Tong-kinois y gagneront; ils le désirent et nous y appellent, et les nations civilisées, le commerce du monde entier n'y perdront rien. Nous rendrons ainsi à l'humanité des richesses perdues pour elle, nous ouvririons vers l'intérieur de la Chine, une route courte et facile; nous rendrons à la liberté, à l'indépendance un peuple qui souffre sous l'oppression.

Notre intérêt marche ici d'accord avec notre devoir.

FIN DE L'APPENDICE

TABLE DES MATIÈRES

CHAPITRE IV

CHAPITRE V

CHAPITRE VI

F. Aureau. — Imprimerie de Lagny.

Paris. — Imp. Tolmer et Cie, 3, rue Madame.

www.ingramcontent.com/pod-product-compliance
Ingram Content Group UK Ltd.
Pitfield, Milton Keynes, MK11 3LW, UK
UKHW020313230726
13925UKWH00002B/378